Impressum
Verlag: BABADADA GmbH, Nedderfeld 112 , 22529 Hamburg
Geschäftsführer / Verlagsleitung: Harald Hof
Druck: Books on Demand GmbH, In de Tarpen 42, 22848 Norderstedt

Imprint
Publisher: BABADADA GmbH, Nedderfeld 112 , 22529 Hamburg, Germany
Managing Director / Publishing direction: Harald Hof
Print: Books on Demand GmbH, In de Tarpen 42, 22848 Norderstedt

l'école

school

la salle de classe
classroom
diviser
divide
186/2
le tableau noir
board
la cour (de récréation)
school yard
le professeur
teacher
le papier
paper
écrire
write
le stylo
pen
le bureau
desk
la règle
ruler
le livre
book
l'élève
pupil

le cartable

satchel

la trousse

pencil case

le crayon

pencil

le taille-crayon

pencil sharpener

la gomme

rubber

le carnet à dessin

drawing pad

le dessin

drawing

le pinceau

paintbrush

la boîte de peinture

paint box

les ciseaux

scissors

la colle

glue

le cahier d'exercices

exercise book

les devoirs

homework

12

le chiffre

number

2+2

additionner

add

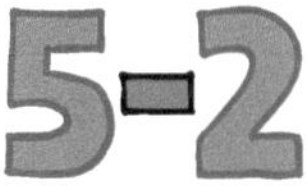
5-2

soustraire

subtract

2×2

multiplier

multiply

42

calculer

calculate

A

la lettre

letter

ABCDEFG
HIJKLMN
OPQRSTU
VWXYZ

l'alphabet

alphabet

hello

le mot

word

le texte

text

lire

read

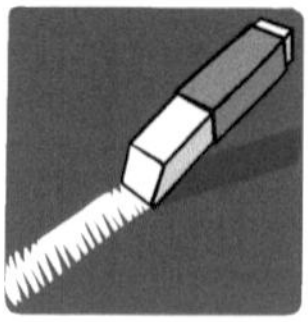

la craie

chalk

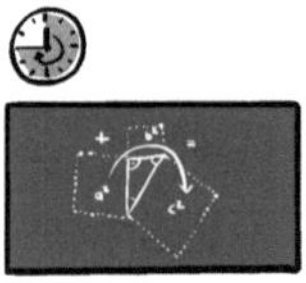

la leçon

lesson

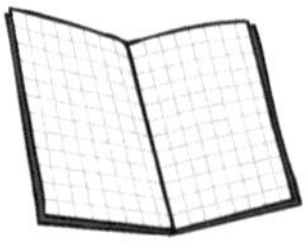

le livre de classe

register

l'examen

examination

1
2
1
3
1
2

le certificat

certificate

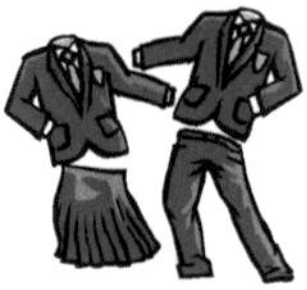

l'uniforme scolaire

school uniform

III
II
I

la formation

education

le lexique

encyclopedia

l'université

university

le microscope

microscope

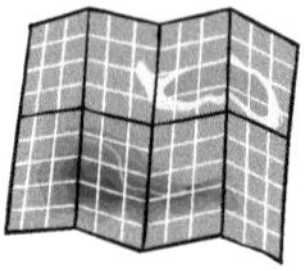

la carte

map

la corbeille à papier

waste-paper basket

le voyage
travel

l'hôtel
hotel
Grand
l'auberge
hostel
ROOMS
EXCHANGE
le bureau de change
currency exchange office
la valise
suitcase
la voiture
car

la langue

language

oui / non

yes / no

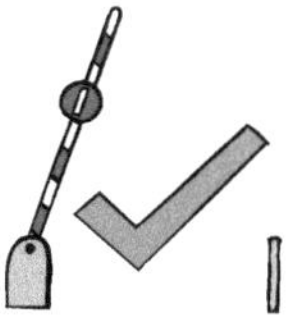

d'accord

Okay

Salut

hello

l'interprète

translator

merci

Thank you

Combien coûte...?

how much is...?

Je ne comprends pas

I don´t get it

le problème

problem

Bonsoir !

Good evening!

Bonjour !

Good morning!

Bonne nuit !

Good night!

Au revoir

goodbye

la direction

direction

les bagages

luggage

le sac

bag

le sac-à-dos

backpack

l'hôte

guest

la pièce

room

le sac de couchage

sleeping bag

la tente

tent

l'office de tourisme

tourist information

la plage

beach

BANK XY

la carte de crédit

credit card

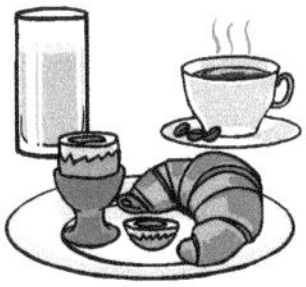

le petit-déjeuner

breakfast

le déjeuner

lunch

le dîner

dinner

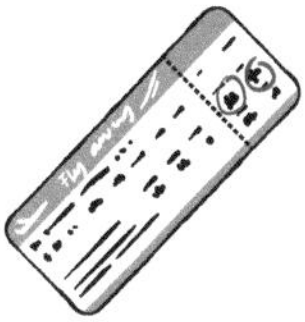

le billet

Ticket

l'ascenseur

elevator

70

le timbre

stamp

la frontière

border

la douane

customs

l'ambassade

embassy

le visa

visa

PASSPORT

le passeport

passport

le transport

transport

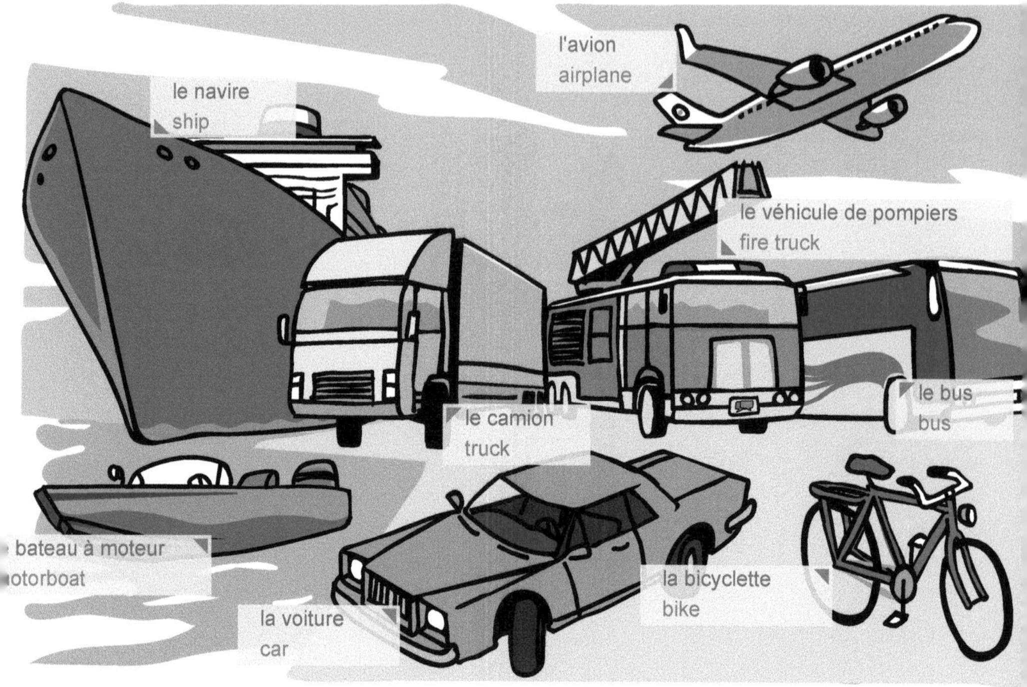

l'avion
airplane
le navire
ship
le véhicule de pompiers
fire truck
le bus
bus
le camion
truck
bateau à moteur
otorboat
la bicyclette
bike
la voiture
car

le ferry

ferry

la barque

boat

la moto

motorbike

la voiture de police

police car

la voiture de course

racing car

la voiture de location

rental car

l'auto-partage

car sharing

la voiture de remorquage

tow truck

la benne à ordures

garbage truck

le moteur

engine

l'essence

fuel

la station d'essence

fuel station

le panneau indicateur

traffic sign

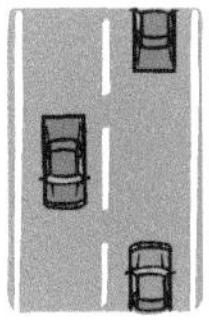

le trafic

traffic

l'embouteillage

traffic jam

le parking

parking lot

la gare

train station

les rails

tracks

le train

train

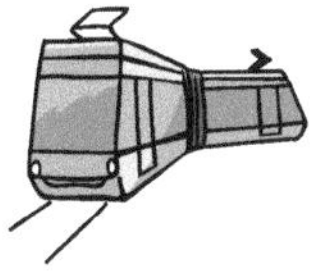

le tramway

tram

le wagon

wagon

l'hélicoptère

helicopter

l'aéroport

airport

la tour

tower

le passager

passenger

le conteneur

container

le carton

carton

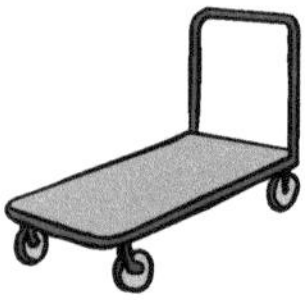

le chariot

cart

la corbeille

basket

décoller / atterrir

take off / land

la ville

city

le village

village

le centre-ville

city center

la maison

house

le cinéma
movie theater
la publicité
advert
CINEMA
le réverbère
street light
la rue
street
le taxi
taxi
le kiosque
snack shop
le piéton
pedestrian
le trottoir
sidewalk
le passage piéton
zebra crossing
la poubelle
dumpster
le carrefour
crossing
les feux de circulation
traffic lights

la cabane

hut

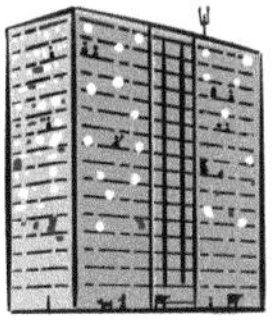

l'appartement

apartment

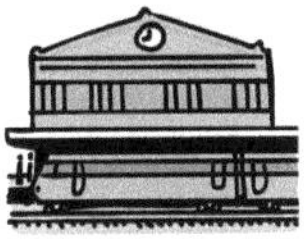

la gare

train station

la mairie

city hall

MUSEUM

le musée

museum

l'école

school

l'université

university

BANK

la banque

bank

l'hôpital

hospital

Grand

l'hôtel

hotel

GOOD FOR HEALTH

la pharmacie

pharmacy

le bureau

office

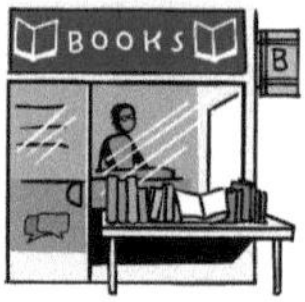
BOOKS
B

la librairie

book shop

heute billig, morgen teuer!
5
10

le magasin

shop

FLOWERS

le fleuriste

flower shop

S

le supermarché

supermarket

le marché

market

MALL

le grand magasin

department store

FISH

la poissonnerie

fishmonger's shop

le centre commercial

mall

le port

harbor

le parc

park

la banque

bench

le pont

bridge

les escaliers

stairs

le métro

subway

le tunnel

tunnel

l'arrêt de bus

bus stop

PHILLIES

le bar

bar

CHEZ GERALD

le restaurant

restaurant

la boîte à lettres

postbox

le panneau indicateur

street sign

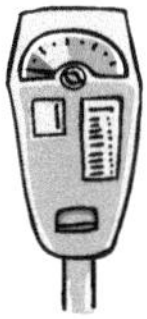

le parcmètre

parking meter

ZOO

le zoo

zoo

le réverbère

swimming pool

la mosquée

mosque

la ferme

farm

la pollution

pollution

la cimetière

cemetery

l'église

church

l'aire de jeux

playground

le temple

temple

le paysage
landscape

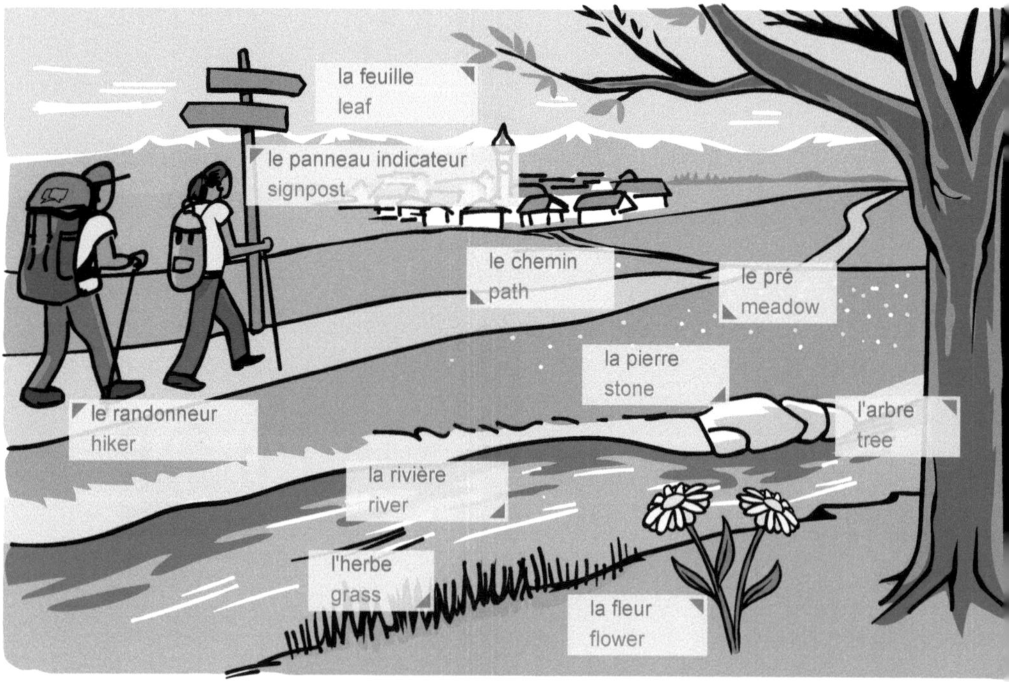
la feuille
leaf
le panneau indicateur
signpost
le chemin
path
le pré
meadow
la pierre
stone
le randonneur
hiker
l'arbre
tree
la rivière
river
l'herbe
grass
la fleur
flower

la vallée

valley

la montagne

hill

le lac

lake

la forêt

forest

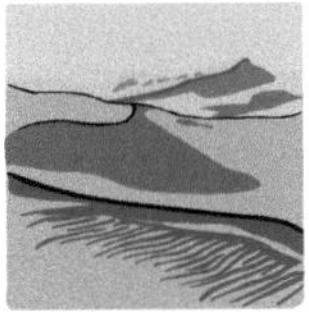

le désert

desert

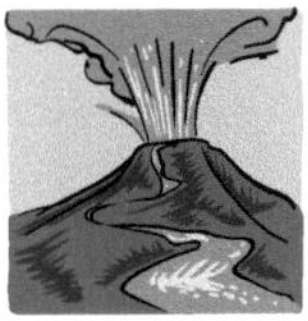

le volcan

volcano

le château

castle

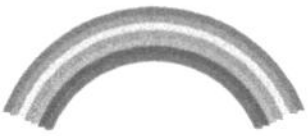

l'arc-en-ciel

rainbow

le champignon

mushroom

le palmier

palm tree

le moustique

mosquito

la mouche

fly

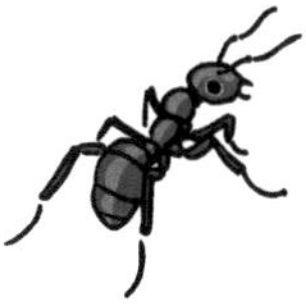

les fourmis

ant

l'abeille

bee

l'araignée

spider

le coléoptère

beetle

la grenouille

frog

l'écureuil

squirrel

le hérisson

hedgehog

le lièvre

hare

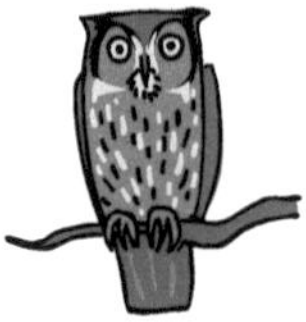

la chouette

owl

l'oiseau

bird

le cygne

swan

le sanglier

boar

le cerf

deer

l'élan

moose

le barrage

dam

l'éolienne

wind turbine

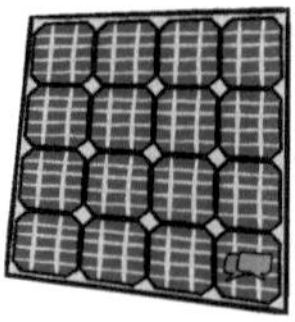

le panneau solaire

solar panel

le climat

climate

le restaurant
restaurant

le serveur
waiter
le menu
menu
la chaise
chair
la soupe
soup
la pizza
pizza
les couverts
cutlery
la nappe
tablecloth

les hors d'œuvre

starter

le plat principal

main course

le dessert

dessert

les boissons

drinks

l'alimentation

food

la bouteille

bottle

le fast-food

fast food

les plats à emporter

street food

la théière

teapot

le sucrier

sugar bowl

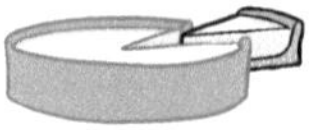

la portion

portion

la machine à expresso

espresso machine

la chaise haute

high chair

la facture

bill

le plateau

tray

le couteau

knife

la fourchette

fork

la cuillère

spoon

la cuillère à thé

teaspoon

la serviette

serviette

le verre

glass

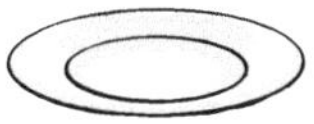

l'assiette

plate

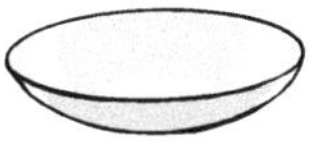

l'assiette à soupe

soup plate

la soucoupe

saucer

la sauce

sauce

la salière

salt shaker

le moulin à poivre

pepper mill

le vinaigre

vinegar

l'huile

oil

les épices

spices

le ketchup

ketchup

la moutarde

mustard

MAYO

la mayonnaise

mayonnaise

le supermarché
supermarket

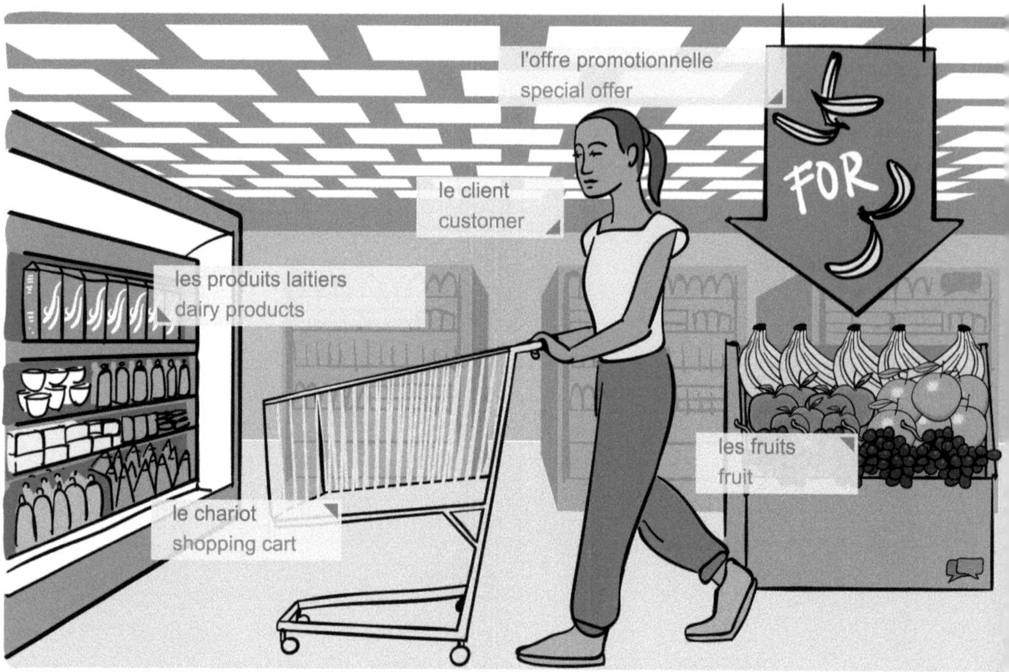
l'offre promotionnelle
special offer
FOR
le client
customer
les produits laitiers
dairy products
les fruits
fruit
le chariot
shopping cart

BUTCHERS

la boucherie

butcher's shop

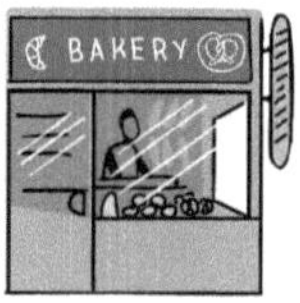
BAKERY

la boulangerie

bakery

peser

weigh

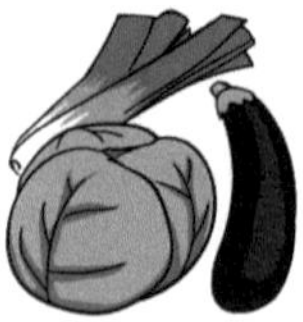

les légumes

vegetables

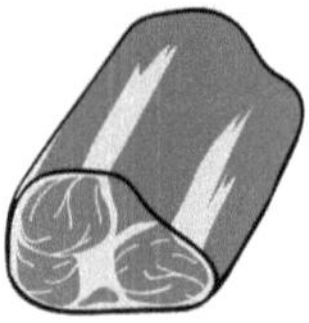

la viande

meat

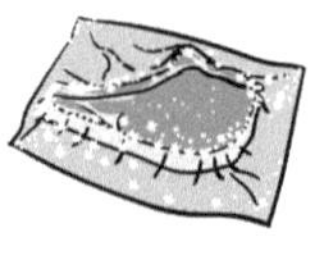

les aliments surgelés

frozen food

la charcuterie

cold cuts

les conserves

canned food

Clean

la poudre à lessive

detergent

BON BON

les bonbons

candy

les articles ménagers

household products

les détergents

cleaning products

la vendeuse

sales representative

la caisse

cash register

le caissier

cashier

la liste d'achats

shopping list

OPEN

les heures d'ouverture

opening hours

le portefeuille

wallet

BANK XY
1234 5678 9012 3456

la carte de crédit

credit card

le sac

bag

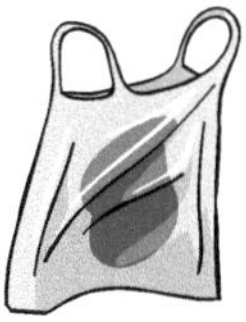

le sac en plastique

plastic bag

les boissons
drinks

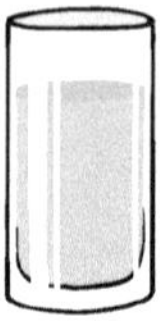

l'eau

water

le jus de fruit

juice

le lait

milk

le coca

coke

le vin

wine

la bière

beer

l'alcool

alcohol

CACAO

le chocolat chaud

cocoa

le thé

tea

le café

coffee

l'expresso

espresso

le cappuccino

cappuccino

l'alimentation
food

la banane

banana

la pomme

apple

l'orange

orange

le melon

melon

le citron.

lemon

la carotte

carrot

l'ail

garlic

le bambou

bamboo

l'oignon

onion

le champignon

mushroom

les noisettes

nuts

les pâtes

noodles

les spaghetti

spaghetti

le riz

rice

la salade

salad

les pommes frites

fries

les pommes de terre rôties

fried potatoes

la pizza

pizza

le hamburger

hamburger

le sandwich

sandwich

l'escalope

escalope

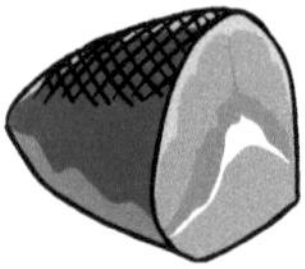

le jambon

ham

le salami

salami

la saucisse

sausage

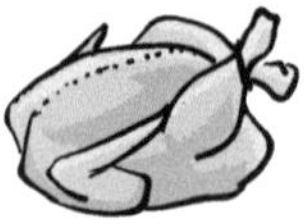

le poulet

chicken

le rôti

roast

le poisson

fish

OATS

les flocons d'avoine

porridge oats

le muesli

muesli

les cornflakes

cornflakes

405

la farine

flour

le croissant

croissant

les petits-pains

bread roll

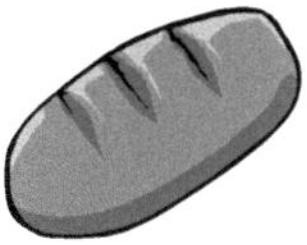

le pain

bread

le pain grillé

toast

les biscuits

cookies

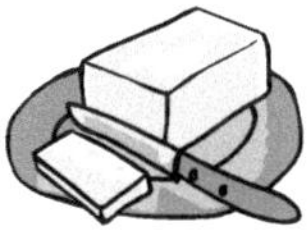

le beurre

butter

le fromage blanc

curd

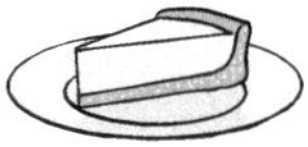

le gâteau

cake

l'œuf

egg

l'œuf au plat

fried egg

le fromage

cheese

la glace

ice cream

le sucre

sugar

le miel

honey

la confiture

jelly

la crème nougat

nougat cream

le curry

curry

la ferme
farm house
la grange
barn
la botte de paille
straw bale
le champ
field
le cheval
horse
la remorque
trailer
le tracteur
tractor
le poulain
foal
l'âne
donkey
le mouton
sheep
l'agneau
lamb

la chèvre

goat

la vache

cow

le veau

calf

le porc

pig

le porcelet

piglet

le taureau

bull

l'oie

goose

le canard

duck

le poussin

chick

la poule

hen

le coq

cockerel

le rat

rat

le chat

cat

la souris

mouse

le bœuf

ox

le chien

dog

le chenil

dog house

le tuyau de jardin

garden hose

l'arrosoir

watering can

la faucheuse

scythe

la charrue

plow

la faucille

sickle

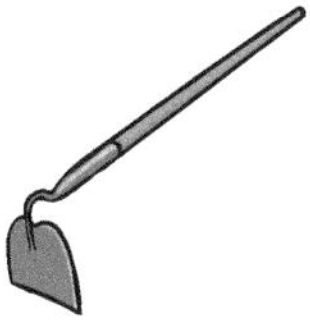

la pioche

hoe

la fourche

pitchfork

la hache

axe

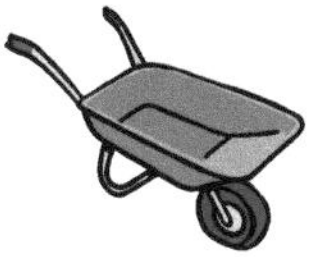

la brouette

pushcart

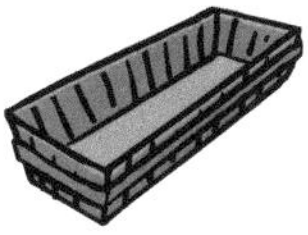

la cuve

trough

le pot à lait

milk can

le sac

sack

la clôture

fence

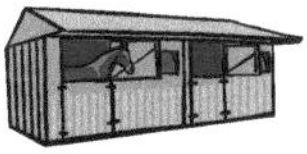

l'étable

stable

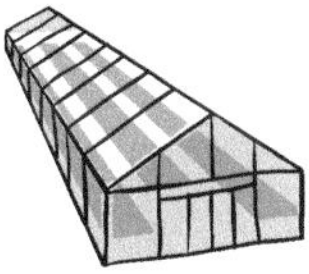

le serre

greenhouse

le sol

soil

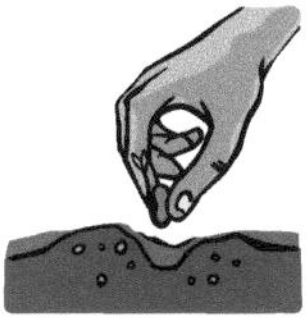

les semences

seed

l'engrais

fertilizer

la moissonneuse-batteuse

combine harvester

récolter

harvest

la récolte

harvest

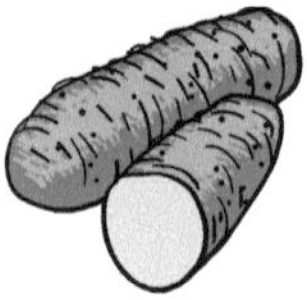

l'igname

yams

le blé

wheat

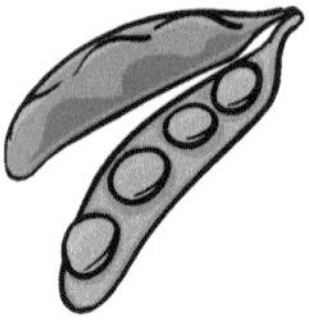

le soja

soya

la pomme de terre

potato

le maïs

corn

le colza

rapeseed

l'arbre fruitier

fruit tree

le manioc

manioc

les céréales

grain

la maison
house

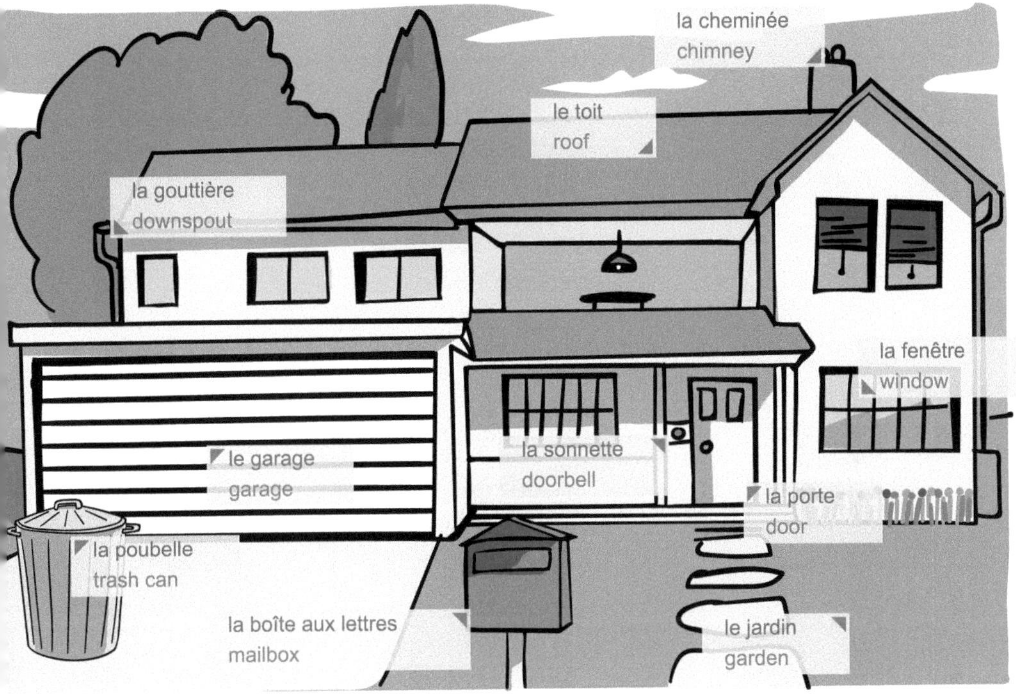

la cheminée
chimney
le toit
roof
la gouttière
downspout
la fenêtre
window
la sonnette
doorbell
le garage
garage
la porte
door
la poubelle
trash can
la boîte aux lettres
mailbox
le jardin
garden

le salon

living room

la salle de bain

bathroom

la cuisine

kitchen

la chambre à coucher

bedroom

la chambre d'enfant

kids room

la salle à manger

dining room

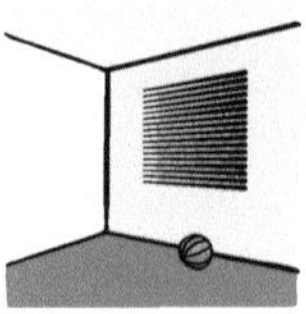

le sol

floor

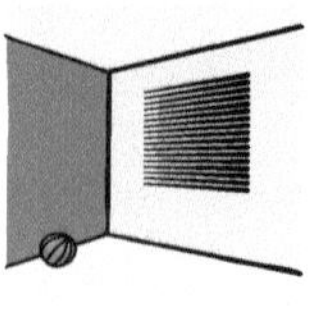

le mur

wall

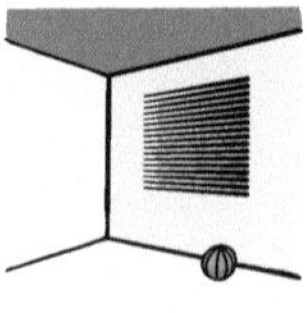

le plafond

ceiling

la cave

cellar

le sauna

sauna

le balcon

balcony

la terrasse

terrace

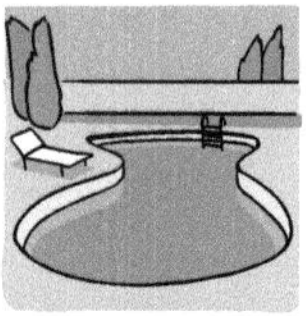

la piscine

pool

la tondeuse à gazon

lawn mower

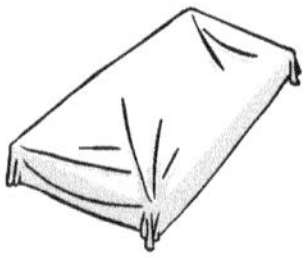

la housse

sheet

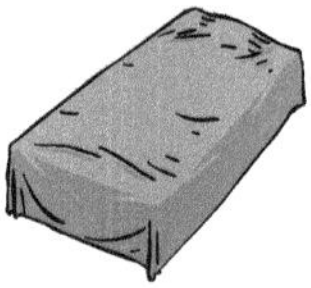

la couette

bedspread

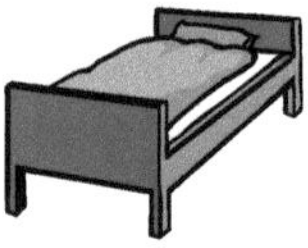

le lit

bed

le balai

broom

le sceau

bucket

l'interrupteur

switch

le salon
living room

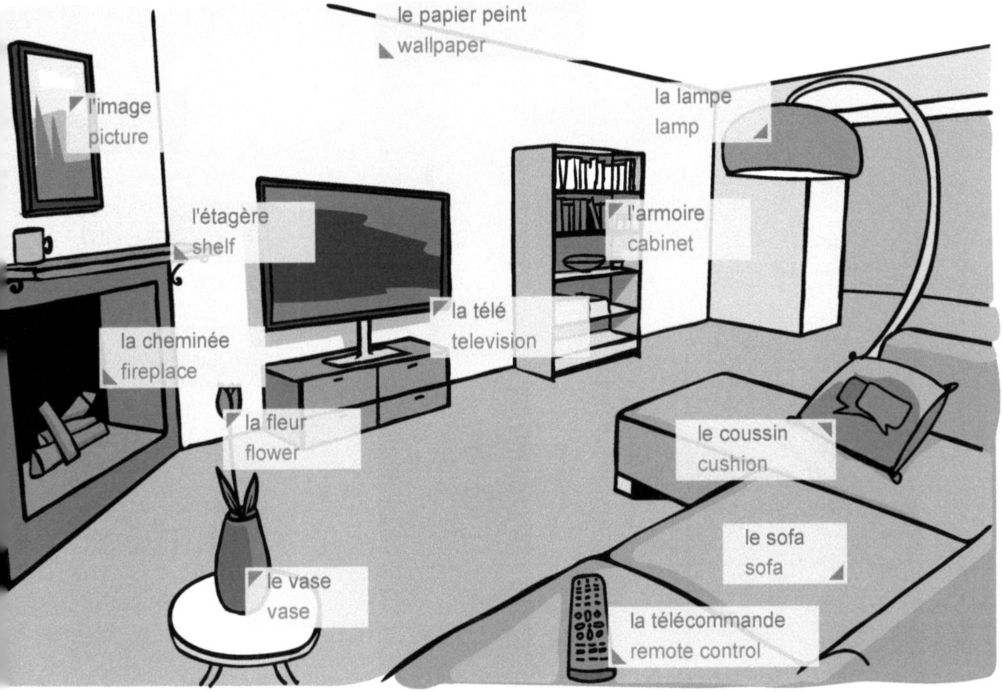
le papier peint
wallpaper
l'image
picture
la lampe
lamp
l'étagère
shelf
l'armoire
cabinet
la télé
television
la cheminée
fireplace
la fleur
flower
le coussin
cushion
le sofa
sofa
le vase
vase
la télécommande
remote control

le tapis

carpet

le rideau

drape

la table

table

la chaise

chair

la chaise à bascule

rocking chair

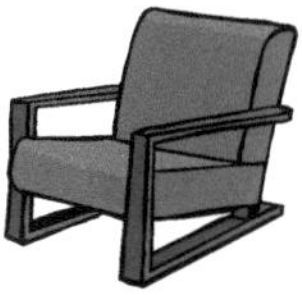

le fauteuil

armchair

le livre

book

la couverture

blanket

la décoration

decoration

le bois de chauffage

firewood

le film

film

la chaîne hi-fi

stereo system

la clé

key

le journal

newspaper

la peinture

painting

le poster

poster

la radio

radio

le bloc-notes

notebook

l'aspirateur

vacuum cleaner

le cactus

cactus

la bougie

candle

la cuisine
kitchen

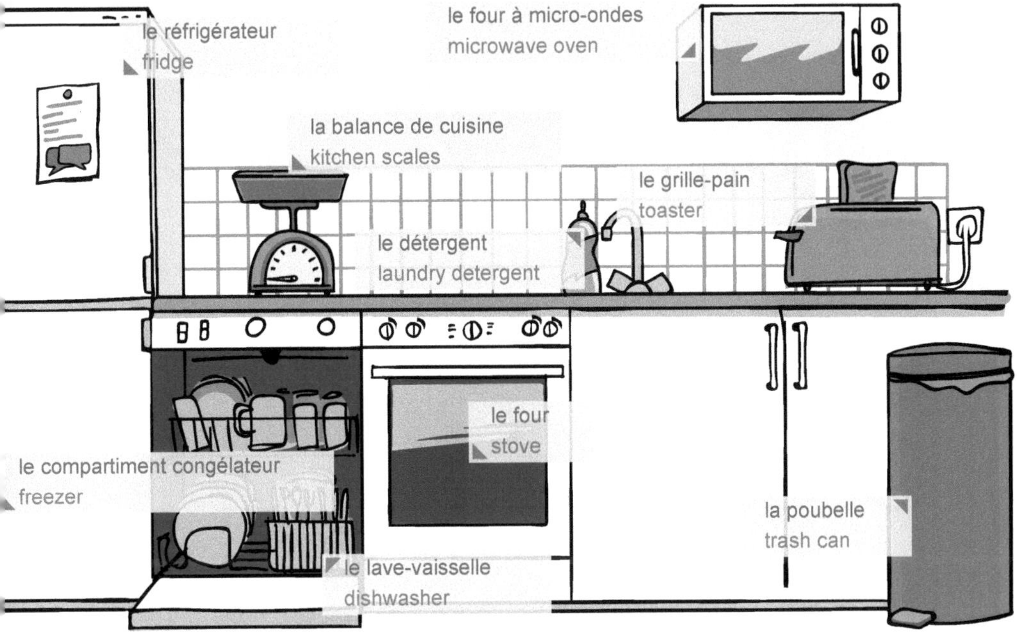

le réfrigérateur
fridge
le four à micro-ondes
microwave oven
la balance de cuisine
kitchen scales
le grille-pain
toaster
le détergent
laundry detergent
le four
stove
le compartiment congélateur
freezer
la poubelle
trash can
le lave-vaisselle
dishwasher

le four
cooker

la casserole
pot

la marmite
cast-iron pot

le wok / kadai
wok / kadai

la poêle
pan

la bouilloire electrique
kettle

le cuiseur vapeur

steamer

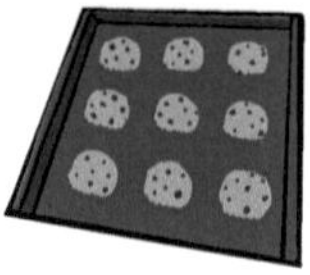

la plaque de cuisson

baking tray

la vaisselle

crockery

le gobelet

mug

la coupe

bowl

les baguettes

chopsticks

la louche

ladle

la spatule

spatula

le fouet

whisk

la passoire

strainer

le tamis

sieve

la râpe

grater

le mortier

mortar

le barbecue

barbecue

la cheminée

fireplace

la planche à découper

chopping board

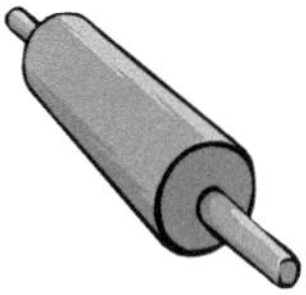

le rouleau à pâtisserie

rolling pin

le tire-bouchon

corkscrew

la boîte

can

l'ouvre-boîte

can opener

les maniques

oven cloth

le lavabo

sink

la brosse

brush

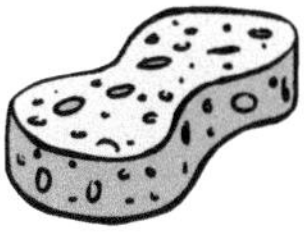

l'éponge

sponge

le mixeur

blender

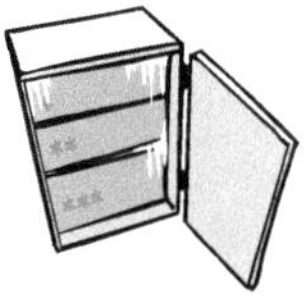

le congélateur

deep freezer

le biberon

baby bottle

le robinet

tap

la salle de bain

bathroom

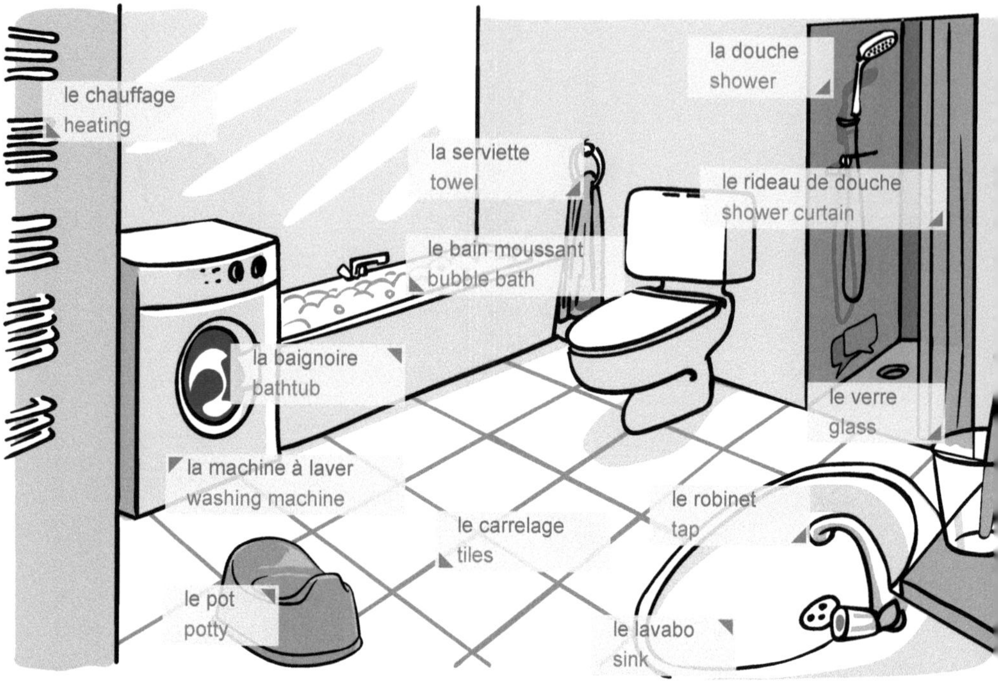

le chauffage
heating
la douche
shower
la serviette
towel
le rideau de douche
shower curtain
le bain moussant
bubble bath
la baignoire
bathtub
le verre
glass
la machine à laver
washing machine
le robinet
tap
le carrelage
tiles
le pot
potty
le lavabo
sink

les toilettes

toilet

la toilette à la turque

squat toilet

le bidet

bidet

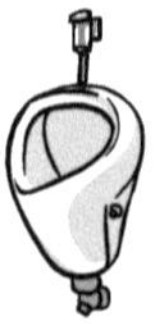

l'urinoir

urinal

le papier toilette

toilet paper

la brosse à toilette

toilet brush

la brosse à dents

toothbrush

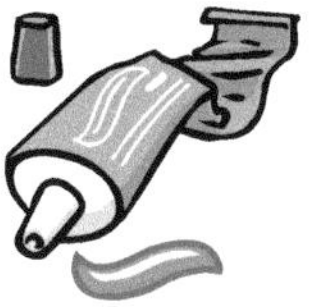

le dentifrice

toothpaste

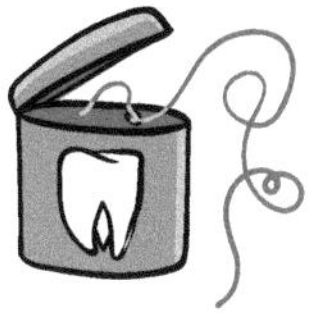

le fil dentaire

dental floss

laver

wash

la douche manuelle

hand shower

la douche intime

douche

la vasque

basin

la brosse dorsale

back brush

le savon

soap

le gel douche

shower gel

le shampooing

shampoo

le gant de toilette

flannel

l'écoulement

drain

la crème

creme

le déodorant

deodorant

le miroir

mirror

le miroir cosmétique

hand mirror

le rasoir

razor

la mousse à raser

shaving foam

l'après-rasage

aftershave

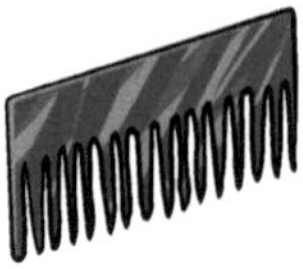

la peigne

comb

la brosse

brush

le sèche-cheveux

hair-dryer

la laque pour cheveux

hairspray

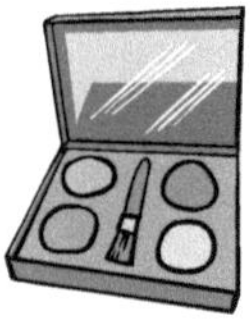

le fond de teint

makeup

le rouge à lèvres

lipstick

le vernis à ongles

nail varnish

l'ouate

cotton wool

le coupe-ongles

nail scissors

le parfum

perfume

la trousse de toilette

washbag

le tabouret

stool

le pèse-personne

weighing scales

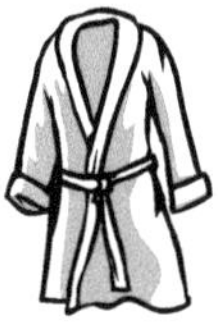

le peignoir

bathrobe

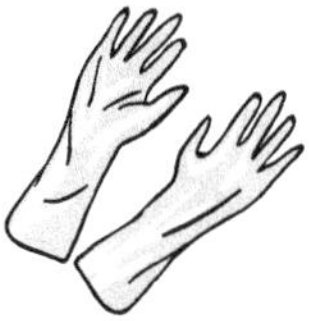

les gants de nettoyage

rubber gloves

le tampon

tampon

es serviettes hygiéniques

sanitary towel

la toilette chimique

chemical toilet

la chambre d'enfant

kids room

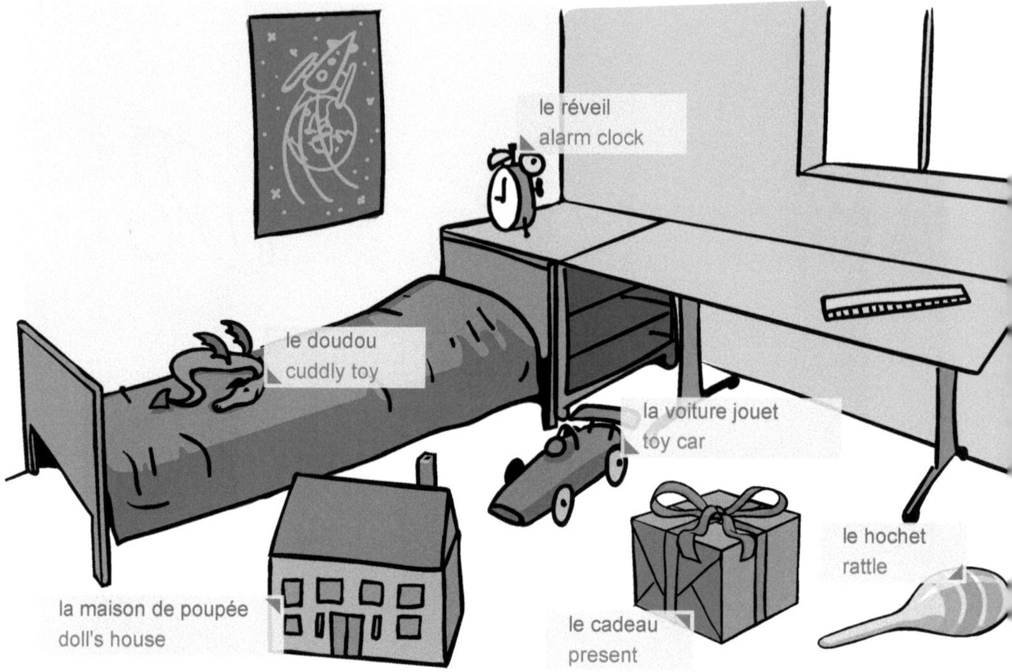
le réveil
alarm clock
le doudou
cuddly toy
la voiture jouet
toy car
le hochet
rattle
la maison de poupée
doll's house
le cadeau
present

le ballon

balloon

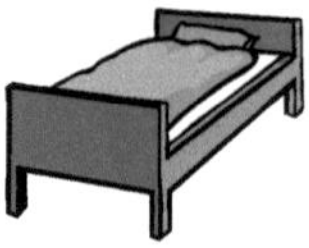

le lit

bed

la poussette

stroller

le jeu de cartes

deck of cards

le puzzle

jigsaw

SUPER
MEGA

la bande dessinée

comic

les pièces lego

lego bricks

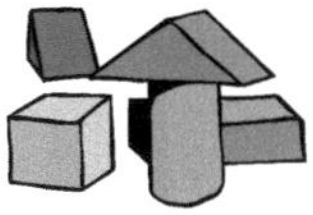

les blocs de construction

toy blocks

la figurine

action figure

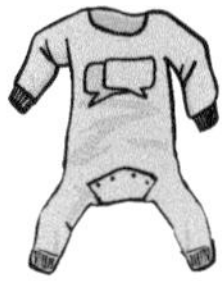

la grenouillère

romper suit

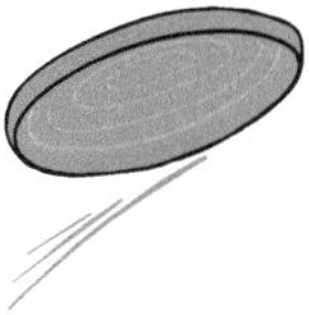

le frisbee

frisbee

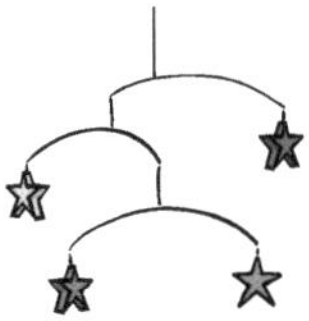

le mobile

mobile

le jeu de société

board game

le dé

dice

le train miniature

model train set

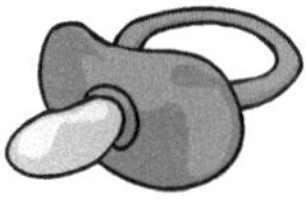

la sucette

pacifier

la fête

party

le livre d'images

picture book

la balle

ball

la poupée

doll

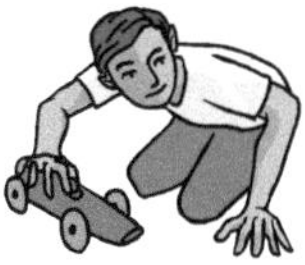

jouer

play

le bac à sable

sandpit

la balançoire

swing

les jouets

toys

la console de jeu

video game console

le tricycle

tricycle

l'ours en peluche

teddy bear

l'armoire

wardrobe

les vêtements
clothing

les chaussettes

socks

les bas

stockings

le collant

tights

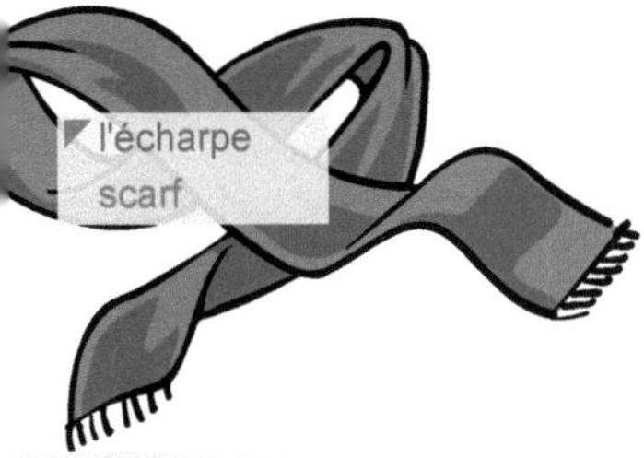
l'écharpe
scarf

le parapluie
umbrella

le t-shirt
t-shirt

la ceinture
belt

les baskets
sneakers

les bottes
boots

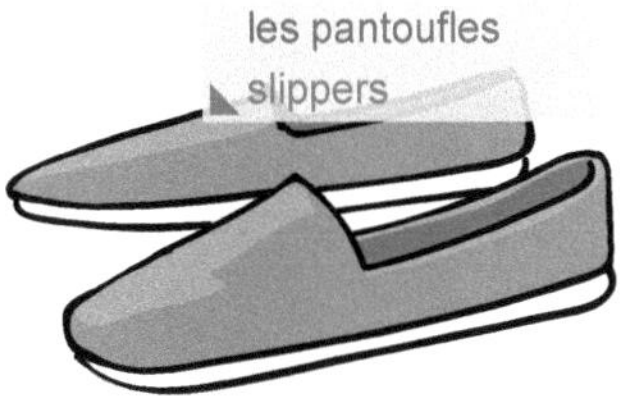
les pantoufles
slippers

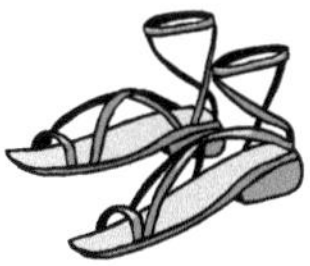

les sandales

sandals

les chaussures

shoes

les bottes de caoutchouc

rubber boots

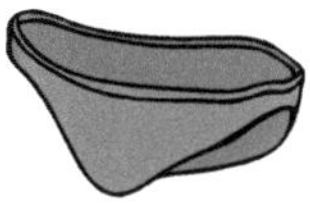

les sous-vêtements

underwear

le soutien-gorge

bra

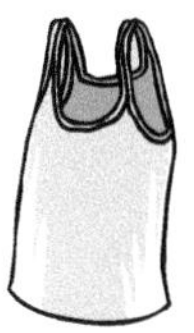

le maillot de corps

undershirt

le body

body

le pantalon

pants

le jean

jeans

la jupe

skirt

le chemisier

blouse

la chemise

shirt

le pull

pullover

le sweat à capuche

sweater

la veste

blazer

la veste

jacket

le manteau

coat

l'imperméable

raincoat

le costume

costume

la robe

dress

la robe de mariée

wedding dress

le costume

suit

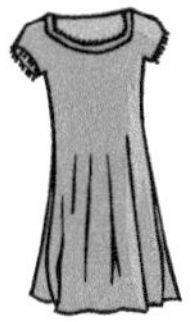

la chemise de nuit

nightgown

le pyjama

pajamas

le sari

sari

le foulard

headscarf

le turban

turban

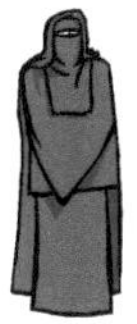

la burqa

burka

le caftan

kaftan

l'abaya

abaya

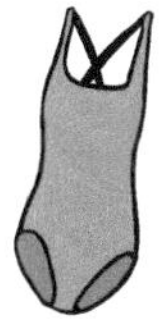

le maillot de bain

swimsuit

le maillot de bain

trunks

le short

shorts

la tenue d'entraînement

tracksuit

le tablier

apron

les gants

gloves

le bouton

button

les lunettes

glasses

le bracelet

bracelet

le collier

necklace

la bague

ring

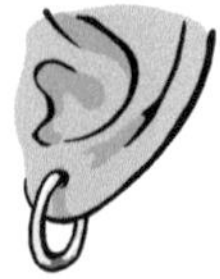

la boucle d'oreille

earring

le bonnet

cap

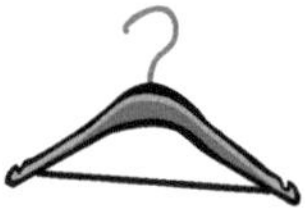

le cintre

coat hanger

le chapeau

hat

la cravate

tie

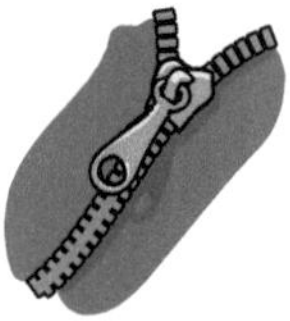

la fermeture éclair

zip

le casque

helmet

les bretelles

braces

l'uniforme scolaire

school uniform

l'uniforme

uniform

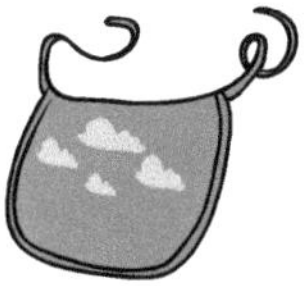

le bavoir

bib

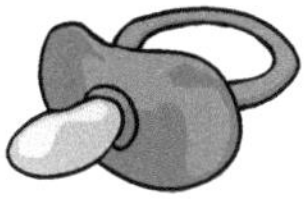

la sucette

pacifier

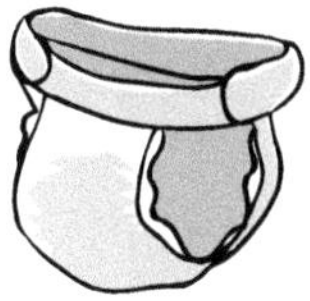

la lange

diaper

le bureau

office

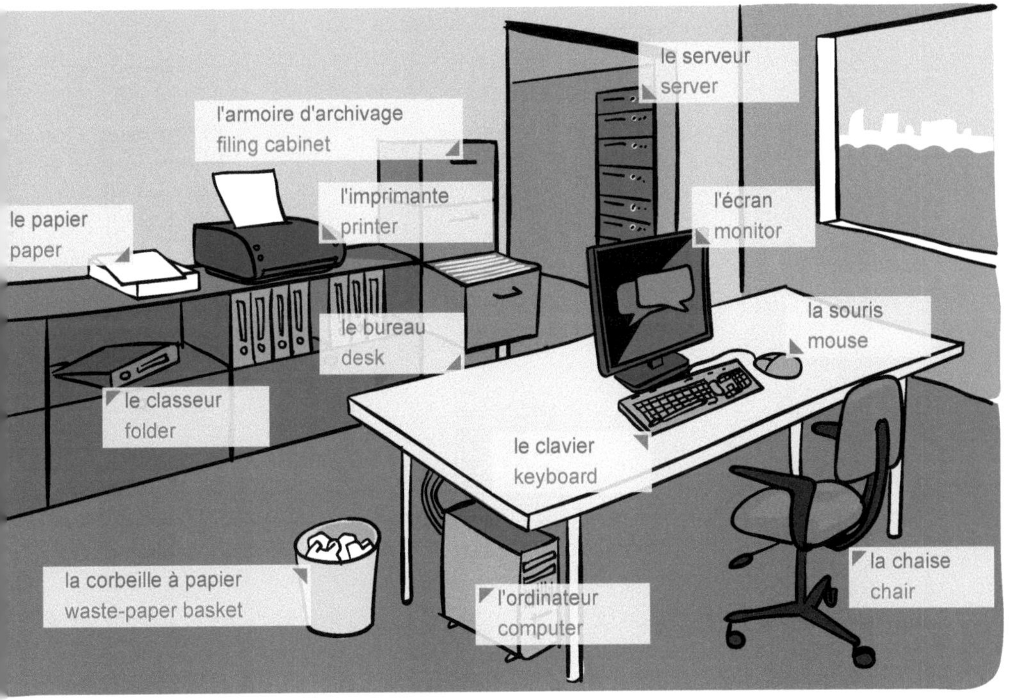
le serveur
server
l'armoire d'archivage
filing cabinet
l'imprimante
printer
le papier
paper
l'écran
monitor
la souris
mouse
le bureau
desk
le classeur
folder
le clavier
keyboard
la chaise
chair
la corbeille à papier
waste-paper basket
l'ordinateur
computer

la tasse de café

coffee mug

la calculatrice

calculator

l'internet

internet

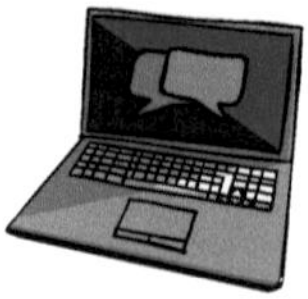

l'ordinateur portable

laptop

la lettre

letter

1

le message

message

le portable

cell phone

le réseau

network

la photocopieuse

photocopier

le logiciel

software

le téléphone

telephone

la prise

plug socket

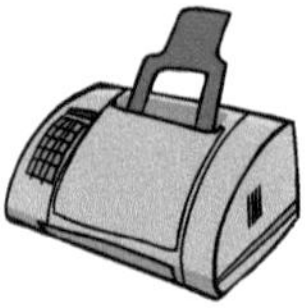

le fax

fax machine

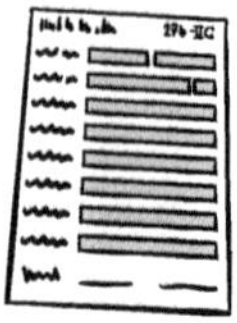

le formulaire

form

le document

document

l'économie
economy

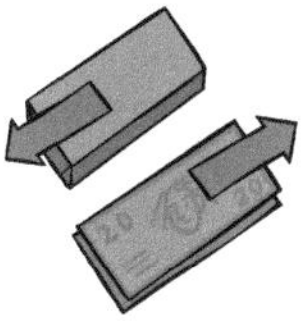

acheter

buy

payer

pay

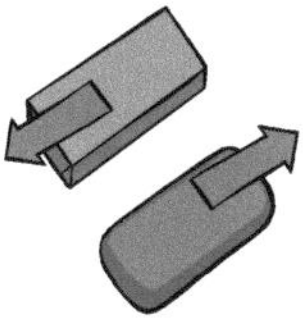

faire du commerce

trade

la monnaie

money

USD

le dollar

dollar

EUR

l'euro

euro

JPY

le yen

yen

RUB

le rouble

rouble

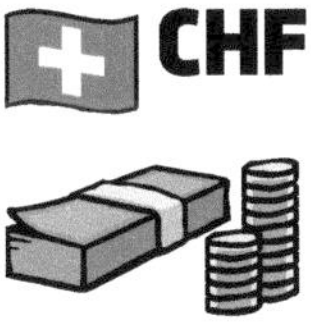
CHF

le franc suisse

Swiss franc

CNY

le renminbi yuan

renminbi yuan

INR

la roupie

rupee

ATM

le distributeur automatique

cash point

le bureau de change

currency exchange office

l'or

gold

l'argent

silver

le pétrole

oil

l'énergie

energy

36€

le prix

price

le contrat

contract

la taxe

tax

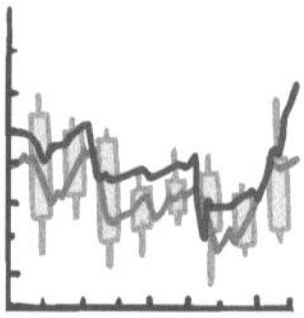

l'action

stock

travailler

work

l'employé

employee

l'employeur

employer

l'usine

factory

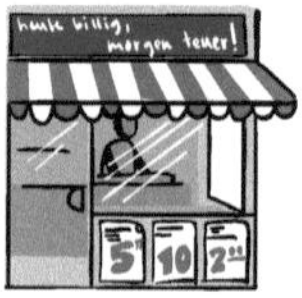

le magasin

shop

les professions
occupations

l'agent de police
police officer
le pompier
fireman
le cuisinier
cook
le médecin
doctor
le pilote
pilot

le jardinier

gardener

le menuisier

carpenter

la couturière

seamstress

le juge

judge

le chimiste

chemist

l'acteur

actor

le conducteur de bus

bus driver

le chauffeur de taxi

taxi driver

le pêcheur

fisherman

la femme de ménage

cleaning lady

le couvreur

roofer

le serveur

waiter

le chasseur

hunter

le peintre

painter

le boulanger

baker

l'électricien

electrician

l'ouvrier

builder

l'ingénieur

engineer

le boucher

butcher

le plombier

plumber

le facteur

postman

le soldat

soldier

l'architecte

architect

le caissier

cashier

le fleuriste

florist

le coiffeur

hairdresser

le contrôleur

conductor

le mécanicien

mechanic

le capitaine

captain

le dentiste

dentist

le scientifique

scientist

le rabbin

rabbi

l'imam

imam

le moine

monk

le prêtre

pastor

les outils
tools

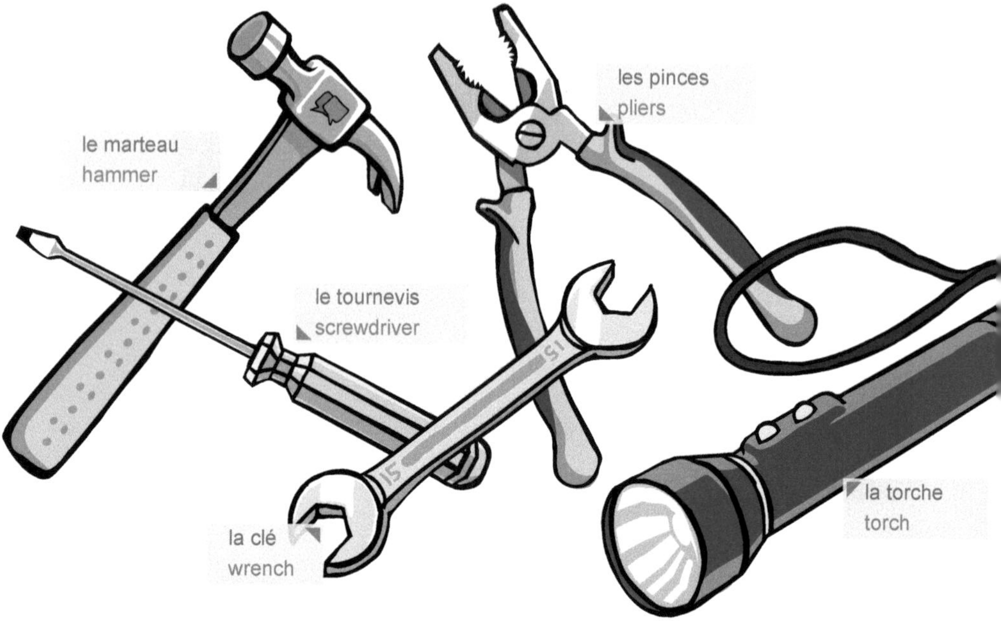

le marteau
hammer
les pinces
pliers
le tournevis
screwdriver
la clé
wrench
la torche
torch

la pelleteuse

excavator

la boîte à outils

toolbox

l'échelle

ladder

la scie

saw

les clous

nails

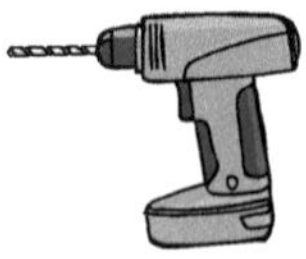

la perceuse

drill

réparer

repair

la pelle

shovel

Mince !

Damn!

la pelle

dustpan

le pot de peinture

paint can

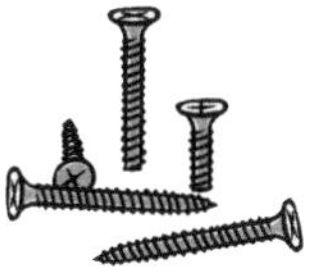

les vis

screws

les instruments de musique
musical instruments

le haut-parleurs
loud speaker
la batterie
drum set
la guitare
guitar
la contrebasse
double bass
la trompette
trumpet

le piano
piano

le violon
violin

la basse
bass

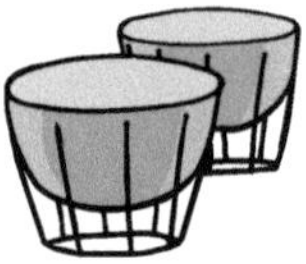

les timbales
timpani

le tambour
drums

le piano électrique
keyboard

le saxophone
saxophone

la flûte
flute

le microphone
microphone

le zoo

zoo

le tigre
tiger
la cage
cage
le zèbre
zebra
l'alimentation animale
animal feed
l'entrée
entrance
le panda
panda

les animaux

animals

l'éléphant

elephant

le kangourou

kangaroo

le rhinocéros

rhino

le gorille

gorilla

l'ours

bear

le chameau

camel

l'autruche

ostrich

le lion

lion

le singe

monkey

le flamand rose

flamingo

le perroquet

parrot

l'ours polaire

polar bear

le pingouin

penguin

le requin

shark

le paon

peacock

le serpent

snake

le crocodile

crocodile

le gardien de zoo

zookeeper

le phoque

seal

le jaguar

jaguar

le poney

pony

le léopard

leopard

l'hippopotame

hippo

la girafe

giraffe

l'aigle

eagle

le sanglier

boar

le poisson

fish

la tortue

turtle

le morse

walrus

le renard

fox

la gazelle

gazelle

les sports

sports

l'american Football
American football
le cyclisme
cycling
le tennis
tennis
le basket-ball
basketball
la natation
swimming
le hockey sur glace
ice hockey
la boxe
boxing

le football

soccer

le badminton

badminton

l'athlétisme

athletics

le handball

handball

le ski

skiing

le polo

polo

les activités

activities

rire
laugh
sauter
jump
embrasser
hug
marcher
walk
chanter
sing
rêver
dream
prier
pray
faire la bise
kiss

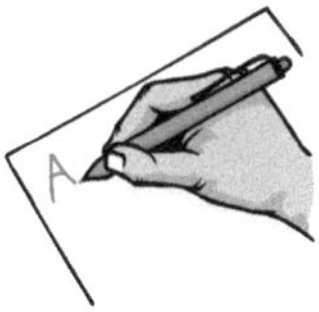

écrire

write

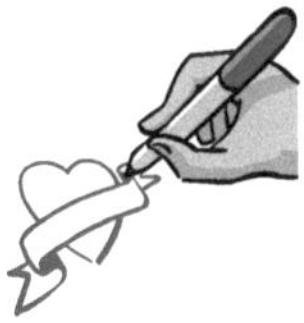

dessiner

draw

montrer

show

pousser

push

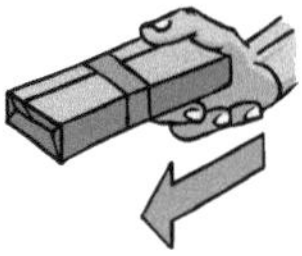

donner

give

prendre

take

avoir

have

faire

do

être

be

être debout

stand

courir

run

trier

pull

jeter

throw

tomber

fall

être couché

lie

attendre

wait

porter

carry

être assis

sit

s'habiller

get dressed

dormir

sleep

se réveiller

wake up

regarder

look at

pleurer

cry

caresser

stroke

peigner

comb

parler

talk

comprendre

understand

demander

ask

écouter

listen

boire

drink

manger

eat

ranger

tidy up

aimer

love

cuire

cook

conduire

drive

voler

fly

faire de la voile

sail

42

calculer

calculate

lire

read

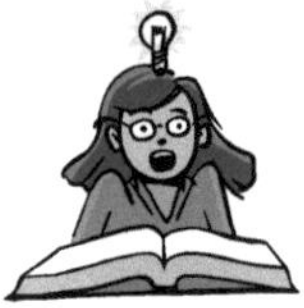

apprendre

learn

travailler

work

se marier

marry

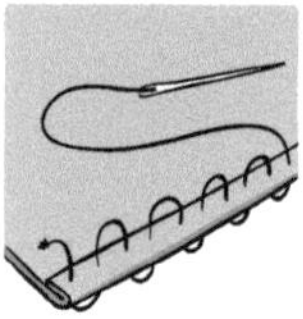

coudre

sew

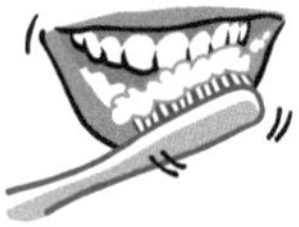

brosser les dents

brush teeth

tuer

kill

fumer

smoke

envoyer

send

grand-mère
andmother
le grand-père
grandfather
le père
father
la mère
mother
le bébé
baby
la fille
daughter
le fils
son

l'hôte

guest

la tante

aunt

l'oncle

uncle

le frère

brother

la sœur

sister

le corps

body

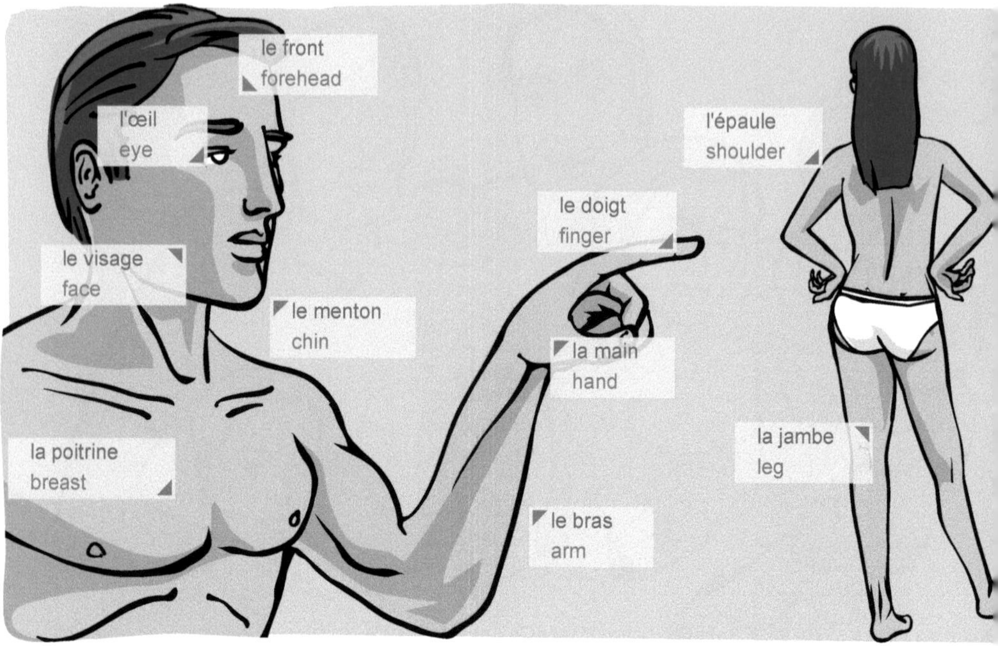
le front
forehead
l'œil
eye
l'épaule
shoulder
le doigt
finger
le visage
face
le menton
chin
la main
hand
la jambe
leg
la poitrine
breast
le bras
arm

le bébé
baby

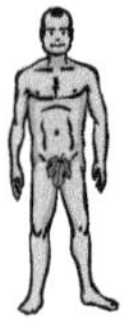
l'homme
man

la femme
woman

la fille
girl

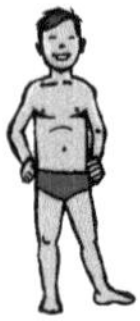
le garçon
boy

la tête
head

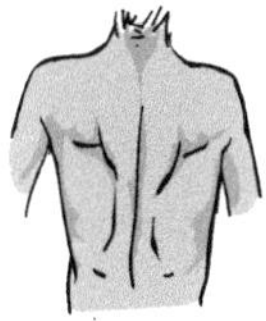

le dos

back

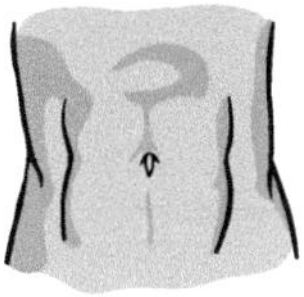

le ventre

belly

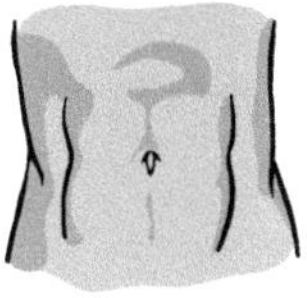

le nombril

navel

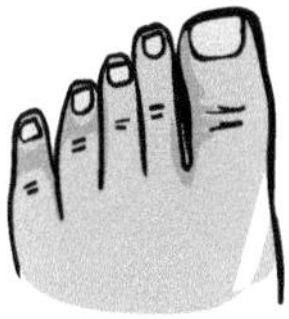

l'orteil

toe

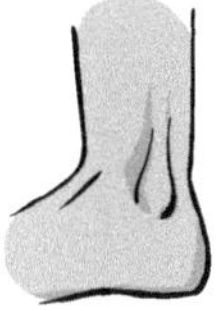

le talon

heel

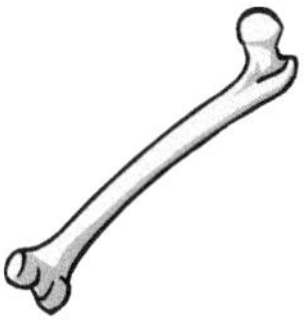

l'os

bone

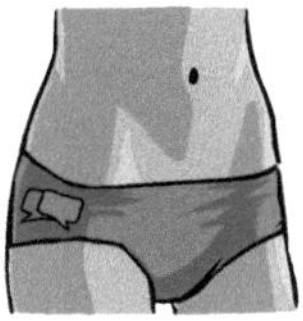

la hanche

hip

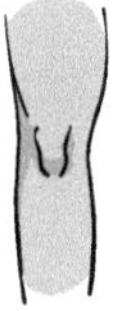

le genou

knee

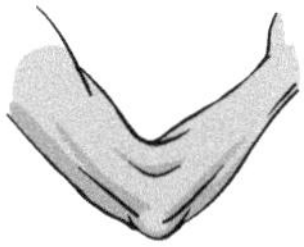

le coude

elbow

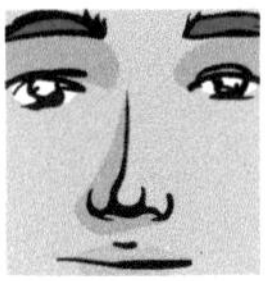

le nez

nose

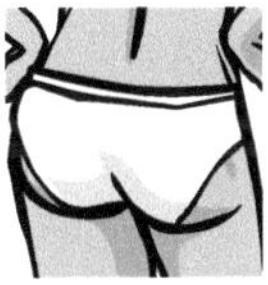

les fesses

buttocks

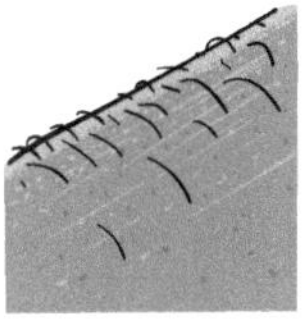

la peau

skin

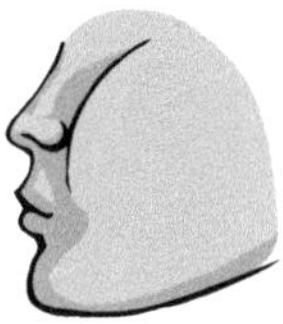

la joue

cheek

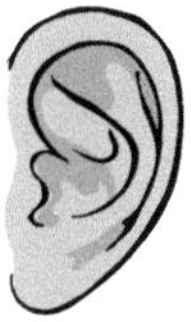

l'oreille

ear

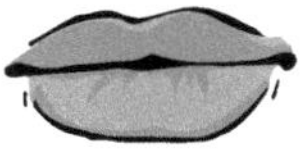

la lèvre

lip

la bouche

mouth

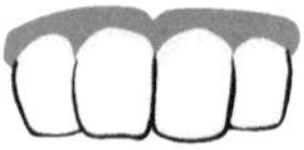

la dent

tooth

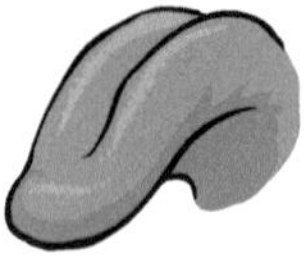

la langue

tongue

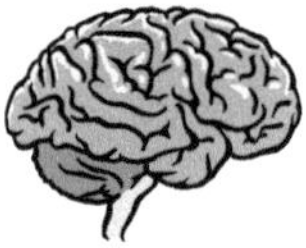

le cerveau

brain

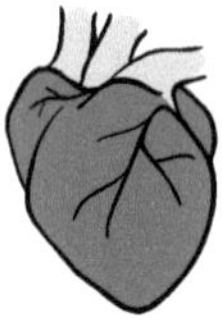

le cœur

heart

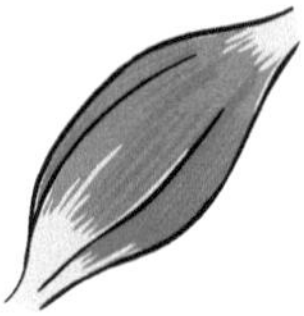

le muscle

muscle

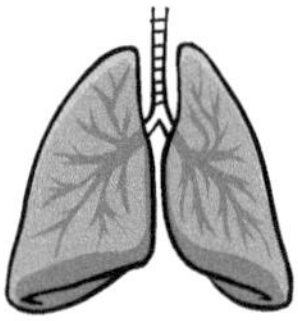

les poumons

lung

le foie

liver

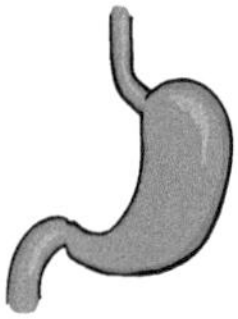

l'estomac

stomach

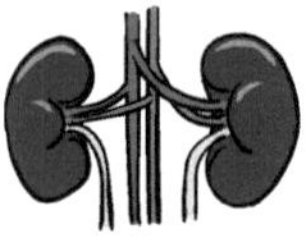

les reins

kidneys

le rapport sexuel

sex

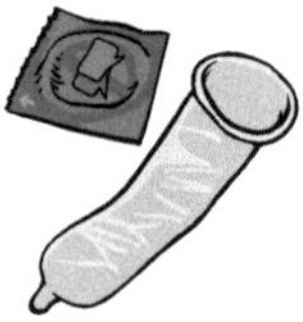

le préservatif

condom

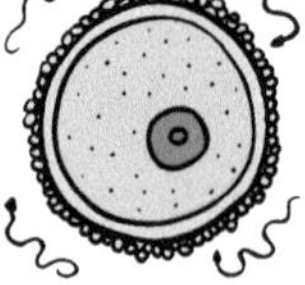

l'ovule

ovum

le sperme

semen

la grossesse

pregnancy

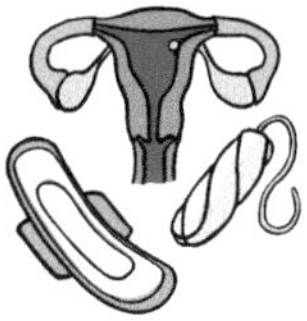

la menstruation

menstruation

le vagin

vagina

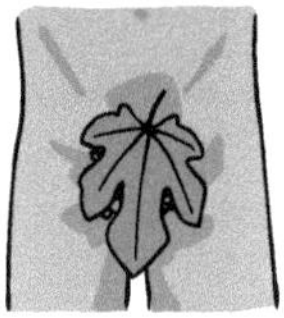

le pénis

penis

le sourcil

eyebrow

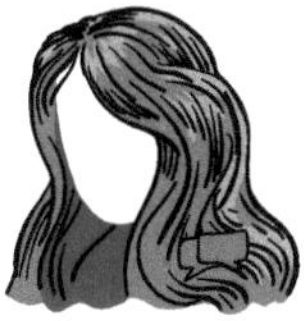

les cheveux

hair

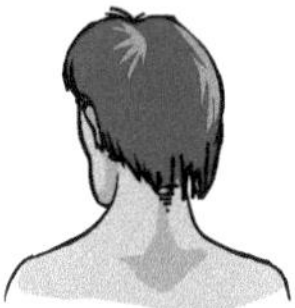

le cou

neck

l'hôpital
hospital

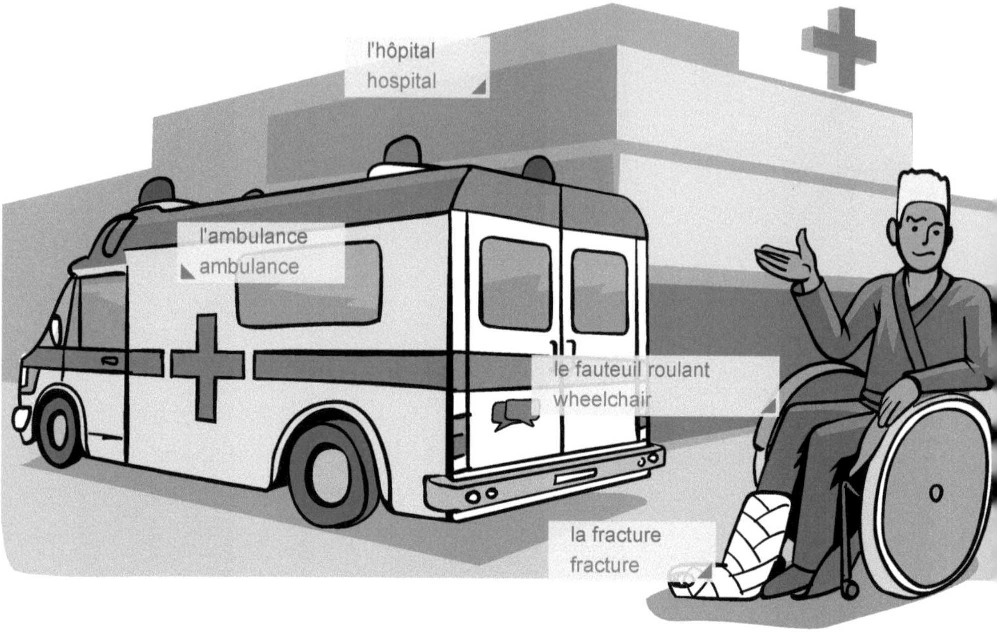
l'hôpital
hospital
l'ambulance
ambulance
le fauteuil roulant
wheelchair
la fracture
fracture

le médecin

doctor

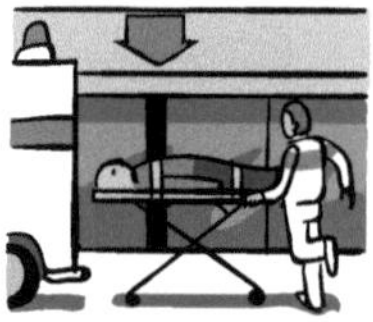

le service des urgences

emergency room

l'infirmière

nurse

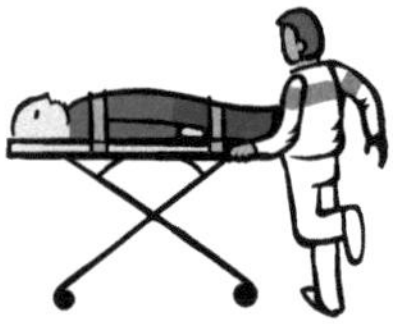

l'urgence

emergency

inconscient

unconscious

la douleur

pain

la blessure

injury

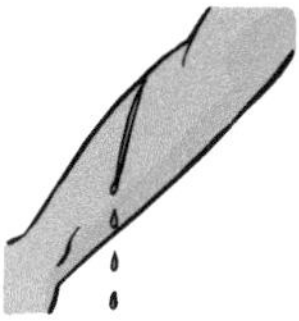

l'hémorragie

bleeding

la crise cardiaque

heart attack

l'attaque cérébrale

stroke

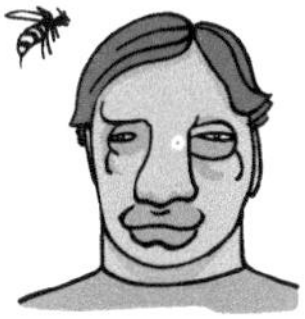

l'allergie

allergy

la toux

cough

la fièvre

fever

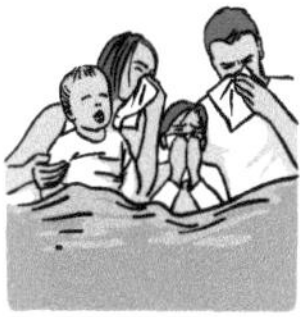

la grippe

flu

la diarrhée

diarrhea

le mal de tête

headache

le cancer

cancer

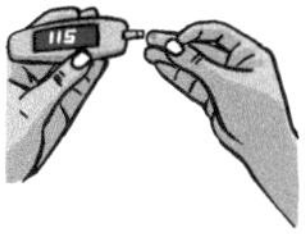

le diabète

diabetes

le chirurgien

surgeon

le scalpel

scalpel

l'opération

operation

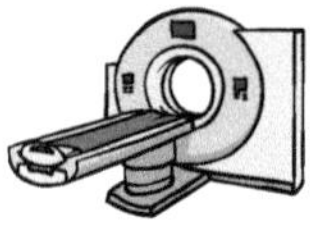

le CT

CT

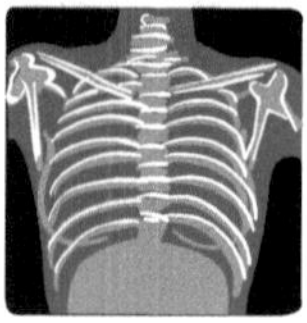

la radiographie

x-ray

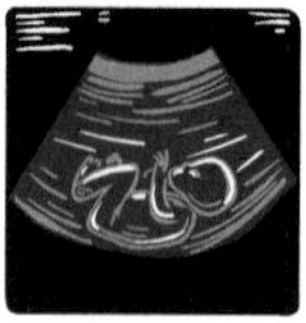

l'échographie

ultrasound

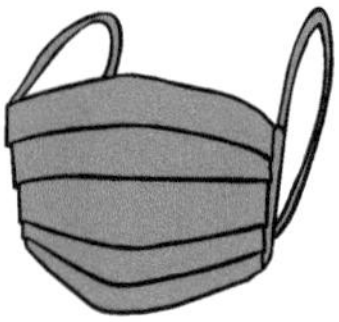

le masque

face mask

la maladie

disease

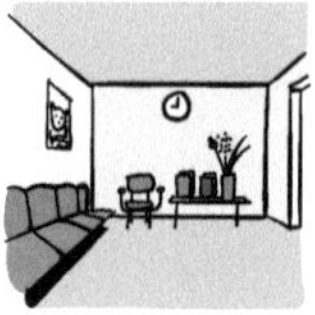

la salle d'attente

waiting room

la béquille

crutch

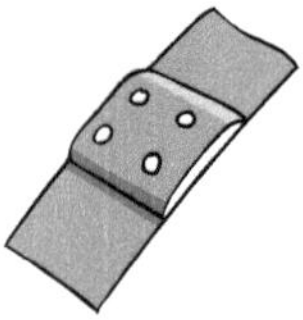

le pansement

plaster

le pansement

bandage

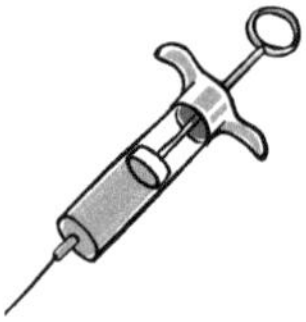

l'injection

injection

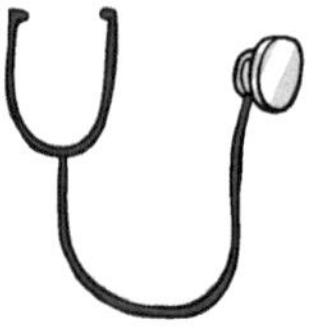

le stéthoscope

stethoscope

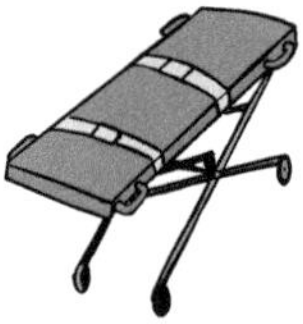

le brancard

stretcher

le thermomètre

clinical thermometer

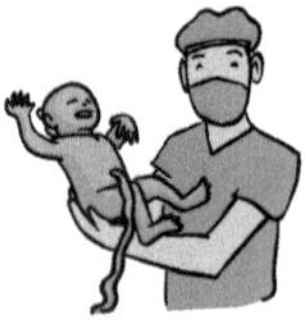

l'accouchement

birth

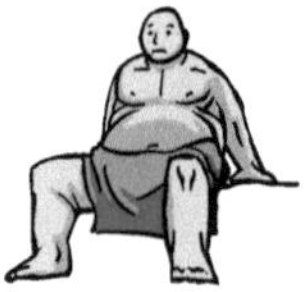

la surcharge pondérale

overweight

l'appareil auditif

hearing aid

le désinfectant

disinfectant

l'infection

infection

le virus

virus

le VIH / le sida

HIV / AIDS

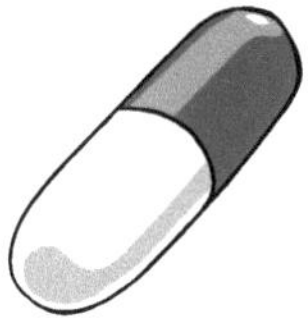

le médicament

medicine

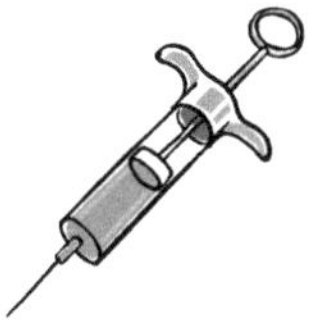

la vaccination

vaccination

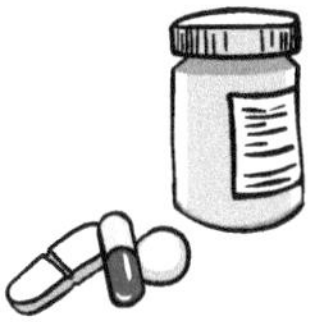

les comprimés

tablets

la pilule

pill

l'appel d'urgence

emergency call

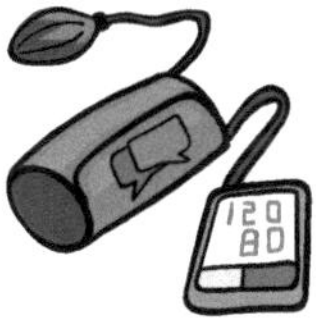

le tensiomètre

blood pressure monitor

malade / sain

ill / healthy

l'urgence
emergency

Au secours !

Help!

l'alarme

alarm

l'assaut

assault

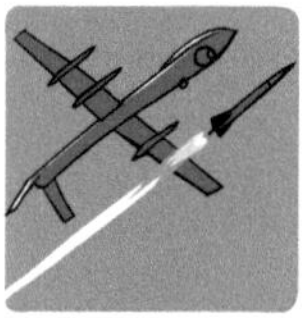

l'attaque

attack

le danger

danger

la sortie de secours

emergency exit

Au feu!

Fire!

l'extincteur

fire extinguisher

l'accident

accident

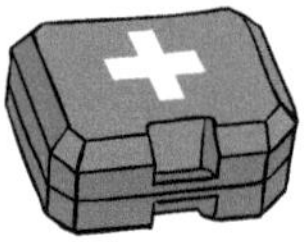

la trousse de premier secours

first-aid kit

SOS

SOS

SOS

la police

police

la terre
earth

l'Europe

Europe

l'Amérique du Nord

North America

l'Amérique du Sud

South America

l'Afrique

Africa

l'Asie

Asia

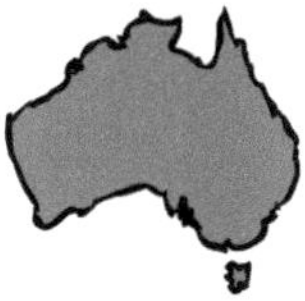

l'Australie

Australia

l'Océan atlantique

Atlantic

l'Océan pacifique

Pacific

l'Océan indien

Indian Ocean

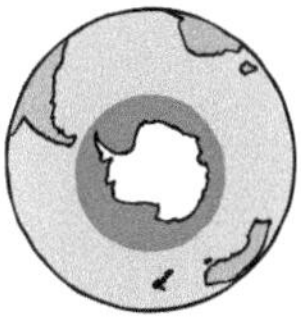

l'Océan antarctique

Antarctic Ocean

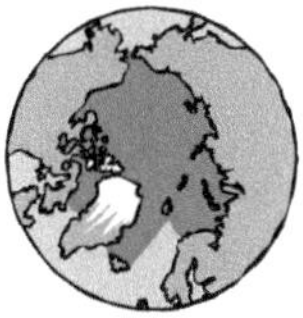

l'Océan arctique

Arctic Ocean

le Pôle nord

North pole

le Pôle sud

South pole

l'Antarctique

Antarctica

la terre

earth

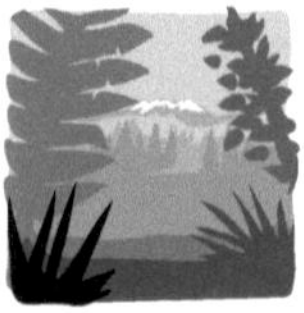

le pays

land

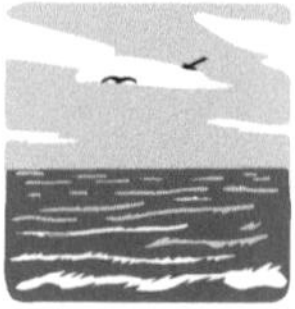

la mer

sea

l'île

island

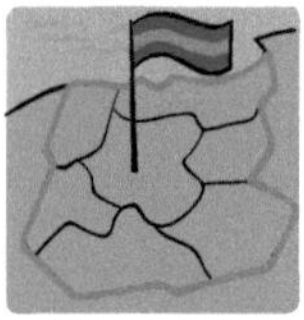

la nation

nation

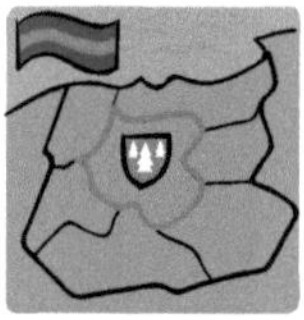

l'état

state

...heure(s)
clock

le cadran

clock face

l'aiguille des heures

hour hand

l'aiguille des minutes

minute hand

l'aiguille des secondes

second hand

Quelle heure est-il ?

What time is it?

le jour

day

le temps

time

maintenant

now

10:25

la montre digitale

digital watch

la minute

minute

l'heure

hour

la semaine
week

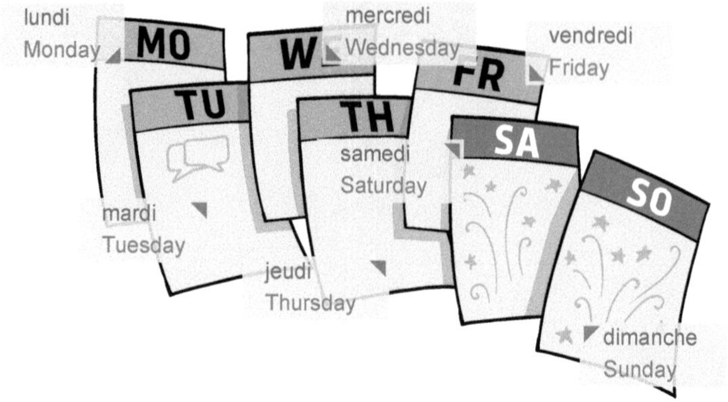
lundi
Monday
MO
mercredi
Wednesday
W
vendredi
Friday
FR
TU
TH
samedi
Saturday
SA
SO
mardi
Tuesday
jeudi
Thursday
dimanche
Sunday

TUE
MON
1

hier

yesterday

TUE
2

aujourd'hui

today

TUE
3

demain

tomorrow

le matin

morning

le midi

noon

le soir

evening

MO TU WE TH FR SA SU

les jours ouvrables

workdays

MO TU WE TH FR SA SU

le week-end

weekend

l'année

year

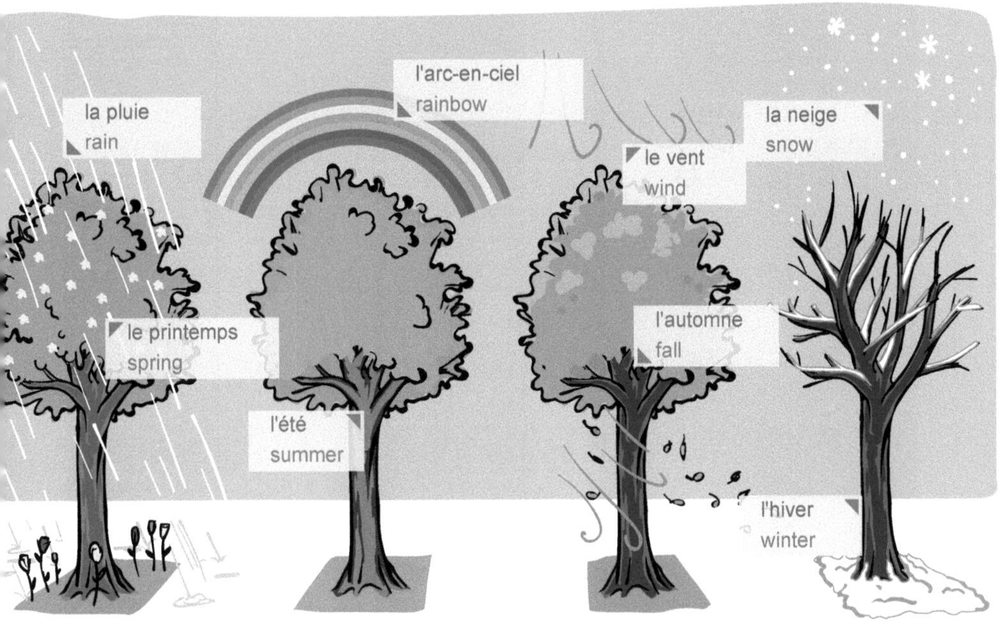

la pluie
rain
l'arc-en-ciel
rainbow
la neige
snow
le vent
wind
le printemps
spring
l'automne
fall
l'été
summer
l'hiver
winter

4.APRIL 11°
5.APRIL 4°
6.APRIL 13°
7.APRIL 8°
8.APRIL 10°

la météo

weather forecast

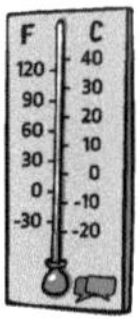

F C
120 40
90 30
60 20
30 10
0 0
-30 -10
-20

le thermomètre

thermometer

la lumière du soleil

sunshine

le nuage

cloud

le brouillard

fog

l'humidité

humidity

la foudre

lightning

la tonnerre

thunder

la tempête

storm

la grêle

hail

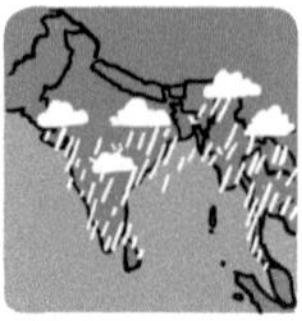

la mousson

monsoon

l'inondation

flood

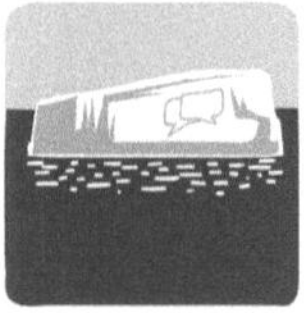

la glace

ice

janvier

January

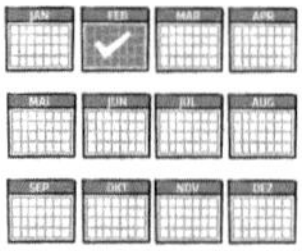

février

February

mars

March

avril

April

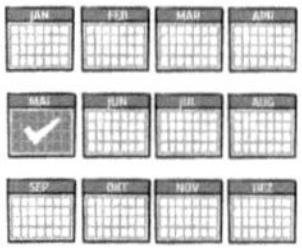

mai

May

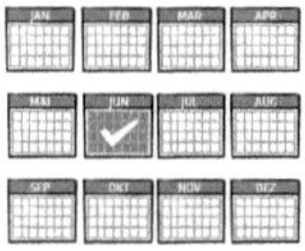

juin

June

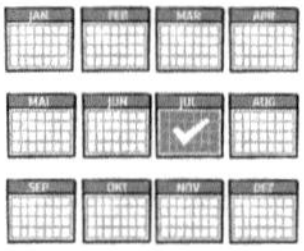

juillet

July

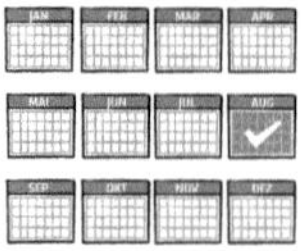

août

August

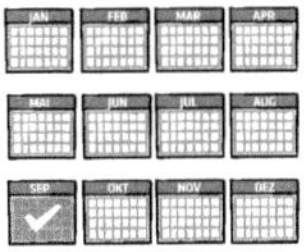

septembre

September

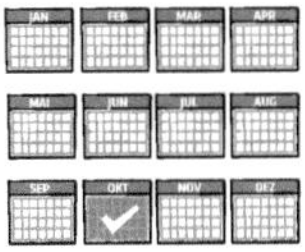

octobre

October

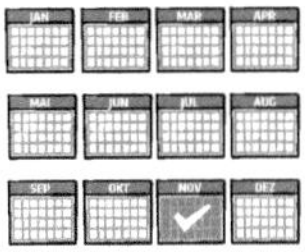

novembre

November

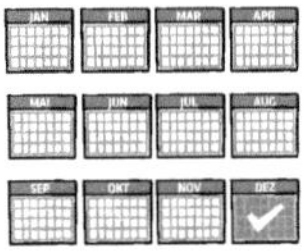

décembre

December

les formes

shapes

le cercle

circle

le carré

square

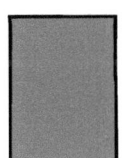

le rectangle

rectangle

le triangle

triangle

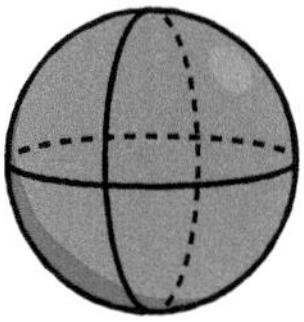

la sphère

sphere

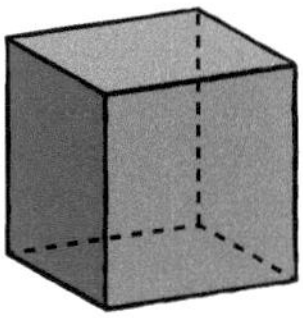

le cube

cube

les couleurs

colors

blanc

white

jaune

yellow

orange

orange

rose

pink

rouge

red

violet

purple

bleu

blue

vert

green

marron

brown

gris

gray

noir

black

les oppositions
opposites

beauCoup / peu

a lot / a little

fâché / calme

angry / calm

joli / laid

beautiful / ugly

le début / la fin

beginning / end

grand / petit

big / small

clair / obscure

bright / dark

frère / soeur

brother / sister

propre / sale

clean / dirty

complet / incomplet

complete / incomplete

le jour / la nuit

day / night

mort / vivant

dead / alive

large / étroit

wide / narrow

comestible / incomestible

edible / inedible

méchant / gentil

evil / kind

excité / ennuyé

excited / bored

gros / mince

fat / thin

MO
TU
WE
TH
FR
SA
SO

le premier / le dernier

first / last

l'ami / l'ennemi

friend / enemy

plein / vide

full / empty

dur / souple

hard / soft

lourd / léger

heavy / light

faim / soif

hunger / thirst

malade / sain

ill / healthy

illégal / légal

illegal / legal

intelligent / stupide

intelligent / stupid

gauche / droite

left / right

proche / loin

near / far

nouveau / usé

new / used

rien / quelque chose

nothing / something

vieux / jeune

old / young

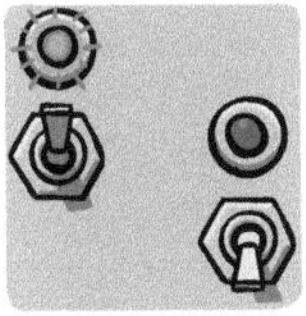

marche / arrêt

on / off

ouvert / fermé

open / closed

faible / fort

quiet / loud

riche / pauvre

rich / poor

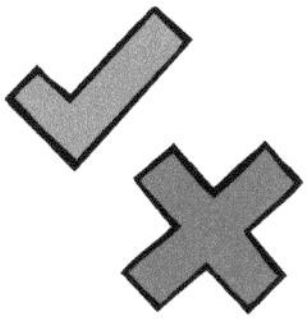

correct / incorrect

right / wrong

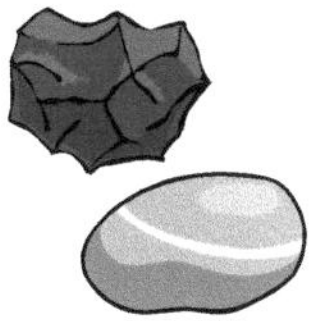

rugueux / lisse

rough / smooth

triste / heureux

sad / happy

court / long

short / long

lent / rapide

slow / fast

mouillé / sec

wet / dry

chaud / froid

warm / cool

la guerre / la paix

war / peace

les nombres
numbers

0

zéro

zero

1

un / une

one

2

deux

two

3

trois

three

4

quatre

four

5

cinq

five

6

six

six

7

sept

seven

8

huit

eight

9

neuf

nine

10

dix

ten

11

onze

eleven

12

douze

twelve

13

treize

thirteen

14

quatorze

fourteen

15

quinze

fifteen

16

seize

sixteen

17

dix-sept

seventeen

18

dix-huit

eighteen

19

dix-neuf

nineteen

20

vingt

twenty

100

cent

hundred

1.000

mille

thousand

1.000.000

le million

million

les langues
languages

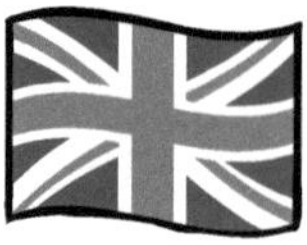

l'anglais

English

l'anglais américain

American English

le chinois mandarin

Chinese Mandarin

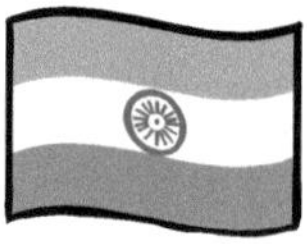

le hindi

Hindi

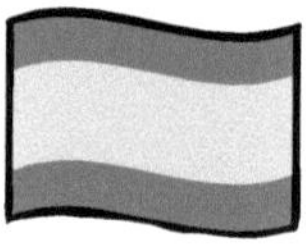

l'espagnol

Spanish

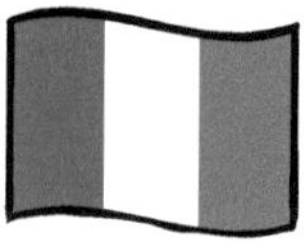

le français

French

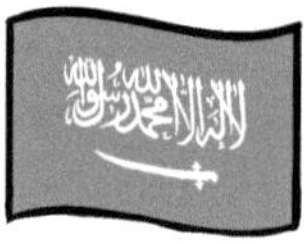

l'arabe

Arabic

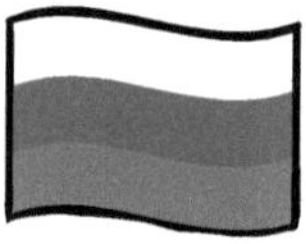

le russe

Russian

le portugais

Portuguese

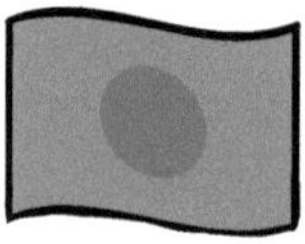

le bengali

Bengali

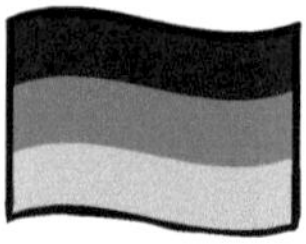

l'allemand

German

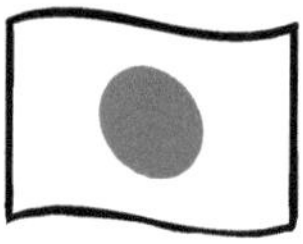

le japonais

Japanese

qui / quoi / comment
who / what / how

je

I

tu

you

il / elle / ce, c', cela

he / she / it

nous

we

vous

you

ils / elles

they

Qui ?

who?

Quoi ?

what?

Comment ?

how?

Où ?

where?

Quand ?

when?

HELLO, I AM

le nom

name

où
where

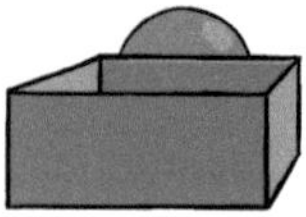

derrière

behind

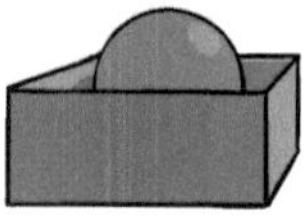

dans

in

devant

in front of

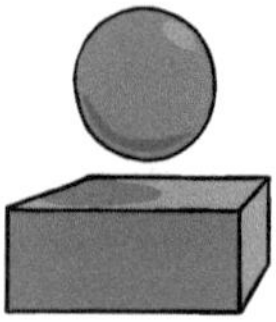

au-dessus

over

sur

on

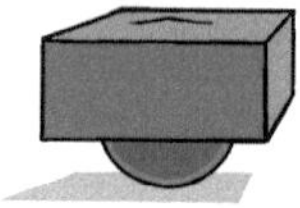

en-dessous

under

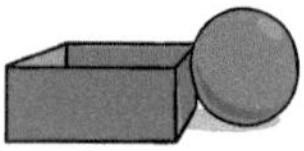

à côté de

beside

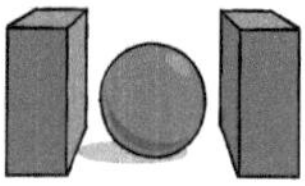

entre

between

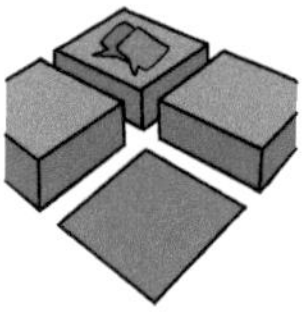

le lieu

place